目录
CONTENTS

03　Chapter
新媒体广告投放载体

04　Chapter
新媒体运营策略

ultraedu
泰岳教育

互联网＋新媒体营销规划丛书

新媒体
营销概论
第2版

丛书主编 **秋叶** / 勾俊伟 刘勇 编著

人民邮电出版社
北 京

图书在版编目（CIP）数据

新媒体营销概论 / 勾俊伟，刘勇编著. -- 2版. --
北京 ：人民邮电出版社，2019.8（2020.1重印）
　（互联网+新媒体营销规划丛书）
　ISBN 978-7-115-51200-0

　Ⅰ．①新… Ⅱ．①勾… ②刘… Ⅲ．①网络营销
Ⅳ．①F713.365.2

中国版本图书馆CIP数据核字(2019)第082174号

内 容 提 要

　　本书共分 9 章。第 1 章重点介绍了新媒体的概念和特征，引导读者全面认识新媒体所处的行业；第 2 章介绍了新媒体的类型，让读者不仅能看到最新的新媒体模式，也能看到该模式发展背后的脉络；第 3 章重点介绍了新媒体广告投放载体，便于读者选择适合自己的新媒体运营方式；第 4 章介绍了新媒体运营策略；第 5 章介绍了短视频营销与运营；第 6 章介绍了内容分发平台运营，让读者了解内容分发平台的算法规则，同时掌握相关平台的运营策略；第 7 章介绍了新媒体负面效应及网络舆情管理；第 8 章选取了可口可乐、海底捞、恒大冰泉、支付宝、国家博物馆等案例，便于读者了解新媒体营销的落地方法；第 9 章介绍了新媒体岗位及能力需求，引导读者根据企业需求，有针对性地提升自己的新媒体营销能力。

　　本书适合从事企业营销和新媒体传播实践工作的人员使用，也可作为本科院校及职业院校市场营销类、企业管理类、商务贸易类、电子商务类专业"新媒体营销"课程的教学用书。

　◆ 编　著　勾俊伟　刘　勇
　　　责任编辑　古显义
　　　责任印制　马振武

　◆ 人民邮电出版社出版发行　　北京市丰台区成寿寺路 11 号
　　　邮编　100164　电子邮件　315@ptpress.com.cn
　　　网址　http://www.ptpress.com.cn
　　　涿州市京南印刷厂印刷

　◆ 开本：720×960　1/16
　　　印张：13　　　　　　　　　　　2019 年 8 月第 2 版
　　　字数：187 千字　　　　　　　2020 年 1 月河北第 4 次印刷

　　　　　　　　　　定价：42.00 元

读者服务热线：(010)81055256　印装质量热线：(010)81055316
反盗版热线：(010)81055315
广告经营许可证：京东工商广登字 20170147 号

编写背景

利用新媒体来宣传观点、推广品牌、销售产品已经成为"互联网+"时代政府机构和企业的必备能力。

当新媒体从传统的静态网站信息进化到带有社交传播属性、大数据智能推荐等特征时，新媒体的内涵和形式也在快速进化。很多过去被人们视为传统媒体的载体，在移动互联网技术的更新下，又成为热点的新媒体；一些曾被看作新媒体的媒体，似乎不再是主流。新媒体的发展太快了，致使很多教师感觉新媒体丛书一出版就跟不上时代的发展；新媒体运营太细了，致使很多高校教师总感觉使用的教材离实战差一点火候。企业对新媒体人才的需求越来越大，高校迫切需要一套比较系统、实战技能又很强的新媒体专业学习丛书。

丛书特色

1. 体系完善

过去的新媒体教材更多是作为市场营销、电子商务专业的一个补充，从新媒体的一个点出发形成一门课程，其定位是作为其他专业教学内容的一个补充。

但新媒体发展到今天，其内容已经不再是一门课程、一本书所能覆盖的了，它需要一套成体系的丛书作为指导。

本丛书从新媒体营销基础知识，到热门的新媒体运营，再到实用技能操作，包括《新媒体营销概论》《微信营销与运营》《微博营销与运营》《直播营销》《新媒体写作平台策划与运营》《新媒体文案创作与传播》《社群营销与运营》《新媒体运营实战技能》《新媒体营销案例分析》《新媒体数据分析》《新媒体运营》《软文营销》《微信小程序》《内容电商》，形成了完善的课程体系。

2．实操性强

很多新媒体的书侧重新概念、新理论的介绍，知识体系很完备，但缺乏新媒体实操细节。本丛书定位于培养应用型人才，在理论介绍的基础上更侧重实操训练。

3．独立成章

本丛书可以为新媒体营销专业提供成套专业教材，也可以单独作为其他专业新媒体营销课程的配套教材使用。

本书教学建议

本书适合本科院校及职业院校作为"新媒体营销"课程的教材使用。如果选用本书作为教学用书，建议学时为 32～48 学时。建议课堂教学依据本书多进行实战训练，以提高学生的实战动手能力。

本书在编写过程中得到了诸多朋友的帮助，在此表示感谢。由于作者水平有限，本书若有不当之处，欢迎有识之士发邮件至 hainei@vip.qq.com 指正。

编　者
2019 年 4 月

05 Chapter

短视频营销与运营

06 Chapter

内容分发平台运营

07 Chapter

新媒体负面效应及网络舆情管理

08 Chapter

案例篇

Chapter

09 新媒体岗位及能力需求

01 Chapter

新媒体的概念与特征

通过阅读本章内容，你将学到：

- 新媒体的基本概念
- 优质媒体的关键特征
- 新媒体发展的趋势

// 1.1 新媒体的概念和内涵

"新媒体"（new media）的概念是 1967 年由美国哥伦比亚广播电视网（Columbia Broadcasting System，CBS）技术研究所所长戈尔德马克（P.Goldmark）率先提出的。

课堂讨论

你认为以下哪些是新媒体？在你认为是新媒体的选项后打钩，如表 1-1 所示。

表 1-1　新媒体类型辨析

类　　型	是/否	类　　型	是/否
门户网站		手机短信	
电子邮件		专业论坛	
个人博客		手机杀毒软件	
微博		个人微信朋友圈	
微信公众号		手机新闻客户端	

表 1-1 所示的类型都可以叫新媒体。新媒体是一个相对的概念。目前所谈的新媒体包括网络媒体、手机媒体、数字电视等形态，但回顾新媒体的发展过程，就可以看到新媒体是伴随着媒体发生和发展而不断变化的。

广播相对报纸是新媒体，电视相对广播是新媒体，网络相对电视是新媒体。科学技术在发展，媒体形态也在发展，像手机杀毒软件一样，过去只是一个工具软件，但自从带了装机软件推荐、自动弹窗等功能后，就具备了媒体传播特性，人们就不能只注意到它的工具化属性，也要注意到它的媒体化能量。

对于新媒体的界定，至今没有定论。一些严肃的期刊上关于"新媒体"文章的研究对象包括互联网媒体、数字电视、移动电视、手机媒体等，网上很多文章把博客、微博、微信订阅号等也称为新媒体。

那么，到底什么是新媒体？

美国《连线》杂志对新媒体曾有一个定义："所有人对所有人的传播。"这个定义过于宽泛，如人和人之间的口碑传播，有些是借助新媒体，有些则是借助日常交往。

联合国教科文组织对新媒体下的定义是："以数字技术为基础，以网络为载体进行信息传播的媒介。"

这个定义过于简单，本书中谈到的新媒体是指基于数字网络出现之后的媒体形态。凡是利用数字技术、网络技术，通过互联网、宽带局域网、无线通信网等渠道，以及计算机、手机、数字电视机等数字或智能终端，向用户提供信息和服务的传播形态，都可以看作新媒体。

严格地说，新媒体应该被称为数字化时代到来后出现的各种媒体形态。像电视就属于传统媒体，但是经过数字化改造的数字电视，又可以被看作新媒体的一种。还有，传统报纸升级为数字报刊后，也是新媒体的一种。

对新媒体的理解，需要抓住要点——新媒体是建立在数字技术和网络技术等信息技术基础之上的。如果传统媒体开始利用信息技术改造自身运营模式，那么这些传统媒体也可以变成新媒体。

对新媒体的定义是一个动态进化过程，网络上层出不穷的新媒体形式一方面反映出新媒体发展之快、变化之多，另一方面也说明关于新媒体的研究还不成熟、不系统。

所以本书不过度纠结概念、特征、类型等学术辨析，而是从务实的角度出发，针对主流新媒体，提供运营规划的实战技能。

实战训练

请判断如下传统媒体是否有借助数字信息技术转变成新媒体的对应形态。如有，可以列举具体的项目或产品，如表1-2所示。

表 1-2　传统媒体对应的新媒体

传统媒体	新媒体
报纸	
车载电视	

续表

传统媒体	新媒体
楼宇广告	
地铁广告屏	
广播电台	

// 1.2 优质媒体的三大特征

进入互联网时代后，新的"新媒体"层出不穷，人们关于新媒体的特征理论研究成果也一直在深化。本书不过度探讨理论界对新媒体的研究现状，而是着眼于企业应用的角度。企业关心的问题无非包括如下方面。

不同媒体覆盖的人群有何不同？

哪种媒体的传播效果更好？

哪种媒体更适合我的产品传播？

首先我们要认识到，不同的媒体，有时甚至是同样的媒体，其最大的特点是覆盖的人群对象不同、规模不同。

1. 要了解不同媒体覆盖人群的不同

对于每一个媒体，首先要了解的就是其在人群覆盖上的特点，这样才能知道应该在哪一种媒体上投放广告才更有针对性，实现精准营销。

例如，报纸媒体可能对政府官员、国企或事业单位更有影响力，电视媒体对中老年人更有影响力，而广播电台越来越多地关注私家车主和专车司机，每一类媒体都有自己人群到达的有效半径。

课堂讨论

你认同表 1-3 所示的媒体覆盖人群分析吗？你觉得哪些说法可以改进？理由是什么？

表 1-3　视频媒体的目标人群

媒体对象	覆盖人群地理和年龄段特点	人群规模
中央电视台一套	全国中老年人群为主	亿级

续表

媒体对象	覆盖人群地理和年龄段特点	人群规模
湖南电视台	"95后""00后"人群	亿级
湖北经视频道	湖北本地中老年人群为主	百万级
优酷视频	"70后"至"90后"网民	亿级

2. 要了解不同媒体覆盖场景的不同

即便是同样的人群覆盖，不同的媒体对人群传播达到的效果也是不同的，这是因为不同的媒体产生转化的场景是不同的。

例如，同样是城市的上班族，是报纸达到的效果好，还是调频电台、地铁广告更好，这并不是一件容易判断的事情。因为你首先要判断你的目标用户采用的是何种通勤方式，一个走路或跑步上下班的人，眼睛要观察路况，就不能太分心看手机，那么依赖手机到达的新媒体就不太适合这类上班族。

要选择新媒体，其实先要仔细分析影响的目标人群的到达场景到底有怎样的细节，会经过哪些流程环节，这样才能设计合适的新媒体传播方式。

课堂讨论

对于城市上班族，根据不同的通勤方式（见表1-4），你会选择哪一种媒体投放广告？

表1-4 不同城市上班族可选投放的广告

人群通勤方式	可以选择的投放新媒体
步行、跑步、骑自行车上班	广播电台、户外广告
公交、地铁上班	微博、微信公众号、新闻头条号、微信地铁视频、免费报纸
拼车上班	视频嵌入广告、微信公众号
在家上班	电视、门户网站、聊天软件弹窗

3. 要了解不同媒体风格调性的不同

选择一个媒体，不仅要考虑这个媒体覆盖的人群和场景，还要考虑这个媒体本身的内涵和气质是否和人群的价值观、生活习惯相契合。

　　人们接纳一个媒体的影响，实际上是因为他认可这个媒体在运营过程中传递的媒体形象，媒体通过持续运营，也打造了自己的公信力，从而能够说服它的目标阅读群体信任媒体传播的广告内容。

　　有的媒体虽然覆盖人群广、流量大，但因为自身缺乏足够的公信力，流量转化率并不高，综合起来的投放效果未必比一些流量小的媒体效果好。这也是在实际选择投放媒体时需要注意的。

课堂讨论

　　如果要给大学生投放考研广告，你们认为表 1-5 中的哪一个平台效果更好？

表 1-5　考研广告可投放的渠道

媒　　体	投放优先级	媒　　体	投放优先级
百度考研吧		微信考研号	
百度搜索		微博名师号	
考研论坛		大学生杂志	
门户教育频道		优酷教育频道	
QQ 聊天窗广告		户外大幅广告	

　　请从表 1-5 中选择你认为效果最好的三个考研广告投放渠道，并说明你的选择理由。

　　在考虑媒体投放的时候，并不需要刻意区分新媒体和传统媒体，而是需要更多地考虑媒体传播的有效到达率。

　　与在物理或者时间上受到限制的传统媒体相比，新媒体一般都能实现跨时空的互动信息传播。受众接收新媒体信息，大多不受时间、地点、场所的制约，可以随时通过新媒体在电子信息覆盖的地方接收地球上任何一个角落的信息。而且到了今天，计算机系统能及时捕捉每个人使用新媒体的后续动作，记录他们的消费行为，从而可以实现个性化的精准推送，和用户行为实现实时交互互动，进而帮助企业大大提高营销转化率。

正是依赖这一技术上的突破，新媒体在技术、运营、产品、服务等商业模式上更具有创新的可能，这是新媒体的优势，也使得新媒体的边界在不断变化，不断融合传统媒介，创新出新的玩法。

实战训练

2014 年年初，海尔集团进行战略调整，停止在传统杂志上投放硬广。请查找资料，分析海尔做出这一战略调整背后的原因。结合本节了解媒体的三点内容，请尝试写出三个理由。

// 1.3 新媒体发展的七大趋势

以信息技术为基础的移动互联网模式下的新媒体对传统媒体产生越来越深刻的影响，尤其是传播方式的影响。有的影响仅是技术演化造成的，有的影响则是社会文化演化造成的。当然，技术的演化也可以反过来加速社会文化的演化。

1. 注意力经济时代来临

人类信息阅读的载体大的变化趋势是从岩画到纸书，从书籍到报刊，从报刊到计算机，从计算机客户端到手机移动端。在变化方面，大的趋势是阅读屏幕越来越小，阅读时间越来越短。

更为重要的是，计算机阅读和移动阅读都是交互式阅读模式，人阅读怎样的内容是需要自己一步步去选择的，这和图书这种静态沉浸式阅读模式完全不同。

在这种交互式阅读模式下，如果一个人要花很长时间等待自己想看的内容，他会变得越来越缺乏耐心，甚至直接跳出。这种因为不耐烦等待而马上跳出的行为模式在纸质图书阅读过程中就比较少见。有人归纳出"三秒原则"，意思是如果内容在 3 秒内刷不出来，阅读者就会选择跳出。

课堂讨论

如果你要看表 1-6 所示的新媒体素材内容，请估计你能等待打开的时间有多长？

表 1-6　请选择你对不同新媒体素材能接受的等待时间

媒体类型	1～3 秒	4～7 秒	8～10 秒
网站文章			
微信公众号文章			
短视频			
H5 小游戏			

在同样的带宽下，对于不同媒体，大家愿意接受的等待时间应该是有区别的。在设置新媒体内容时，要注意测试内容打开的正常速度是否在正常人等待预期内，否则就需要进行调整。

另外，为了让大家对阅读内容产生强烈的兴趣，能保持注意力等待，媒体就越来越倾向于选择更吸引人的标题，或者把长文章分成若干小节，每一节设置吸引人进一步阅读的标题和诱导图片，减少阅读跳出的可能性，这就是所谓的"标题党"现象。

在这种趋势下，更强调排版的长文章、更强调轻松阅读的图形化文章、更强调趣味性的短视频、更强调游戏性的交互式 H5 等新的阅读载体就比传统的大段文字更有吸引力，这也成为新媒体从业者必须掌握的运营新武器。

2．移动场景阅读时代来临

就阅读屏幕而言，计算机屏幕面积是远远超过普通纸质图书的，但是计算机屏幕也好，手机屏幕也罢，都不是特别好的阅读载体，因为干扰信息太多。所以亚马逊为了电子阅读专门推出了 Kindle 硬件（见图 1-1），就是为了避免人的阅读注意力被无关的电子信息所干扰。

今天，智能手机已经普及，很多人现在已经习惯了用手机取代原来很多必须依赖计算机完成的工作，如工作交流、邮件收发，甚至是内容制作（如微信排版、编辑）。

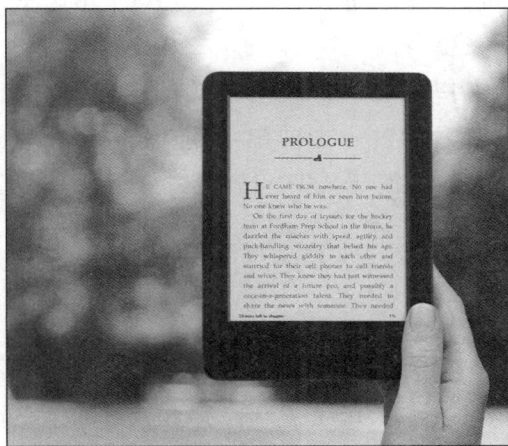

图 1-1　Kindle 电子书阅读器

　　智能手机普及后，阅读就进入了移动场景下的碎片化时间阅读模式，在公交、地铁、餐馆、会议、课堂等场合，只要有一点点碎片化时间，越来越多的人就会变成"低头一族"，阅读手机上的信息。

　　进入移动阅读时代后，手机屏幕越做越大，但手机阅读相对计算机阅读而言，屏幕减小了一个数量级。在屏幕变小的情况下，一页屏幕上可以显示的内容会越来越少，能展示在屏幕上的内容会得到更多人的关注，没有出现在首页上的内容会很容易被海量信息淹没。

　　现在互联网上有一个新词叫"头部内容"，是指总是能在主流移动 App 上抢占头条的内容。如果你经常产出头部内容，你就会形成强大的品牌，进而占领消费者的心智模式。

　　在计算机客户端时代，计算机阅读屏幕足够大，可以容纳相对较多的头部内容；到了移动客户端时代，能容纳头部内容的空间被大大压缩了，如果你不能进入手机 App 的首页空间，你的内容得到关注的可能性就很小，这就进一步强化了优质内容对显示空间的争夺。谁能总是抢占手机头部的显示区域，谁就能不断得到曝光，就能进一步形成品牌的传播力。

　　所以在计算机客户端时代，有人总结出"长尾理论"，意思是有了搜索，就可以找到理论上所有的商品，每一种商品都可能有人选择和购买，那么无数销量不大的商品也可以汇集成一个大市场。这个市场总体上也许能占到全部市场销量的 50%，这就打破了原来的"二八法则"。

但是到了移动客户端时代，因为"头部内容"效应的存在，移动阅读状态下，人的注意力会进一步被集中到头部内容，大家讨论和分享的内容越来越同质化，结果很可能又回到"二八法则"，甚至是赢家通吃的模式。

课堂讨论

你关注了多少个微信公众号？你经常打开的微信公众号有多少个？微信推出置顶微信公众号后对微信公众号运营会产生怎样的影响？

3．参与感时代来临

在没有互联网之前，媒体的一大变化趋势就是信息量越来越大，产生信息的周期越来越短。以报纸为例，就可以清晰看见整个媒体的演化特征，如图 1-2 所示。

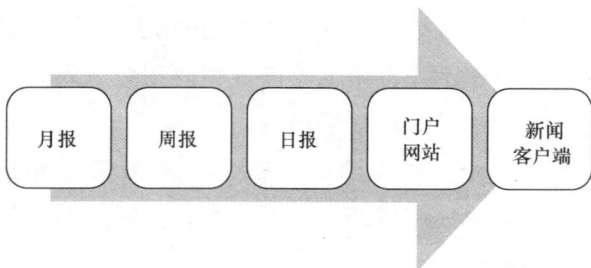

月报 周报 日报 门户网站 新闻客户端

图 1-2　报纸出版周期进化示意图

最早的报纸是月报，慢慢变成日报，然后是门户网站，最后是移动互联网时代的新闻客户端 App。

报纸产出的媒体形态主要是新闻，出版信息量越来越大，出版的周期越来越短；到了互联网时代，门户网站已经可以做到实时更新，支持社交分享和在线评论；在移动互联网时代，更是在实时更新的基础上增加了个性化的内容推送。

报纸是其他媒体发展的一个缩影，不仅是报纸，像电视、视频这样的媒体，也是频道越来越多，内容越来越多，每一个媒体都在努力抓住潜在用户的眼球，确保自己拥有更多的用户。

为了抓住用户，不同类型的媒体也在努力提高自己的内容设计水平和技术交互手段。以电视综艺节目为例，大致经历了图 1-3 所示的发展阶段。

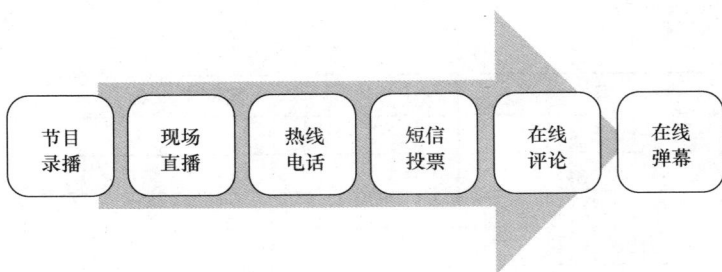

图 1-3　视频综艺节目交互方式进化示意图

最早的电视综艺节目是先录制再定期播放的，观众只能看节目。慢慢就增加了直播类型的节目，开始有主持人串场，这就让综艺节目开始变得有个人的风格。后来综艺节目也允许观众加入交流，最开始是支持热线电话打入发表意见，但电话交流只有极少数人才能成功参与，到了短信时代终于可以实现全民投票参与了。

解决带宽问题以后，互联网时代越来越多的人喜欢在网络上观看综艺节目，因为可以在线评论、分享、点赞，允许每一个人都发表自己的看法，不过这个阶段人们还是无法真正参与到节目直播中去。直到弹幕技术的出现，每一个在线观看节目的观众弹幕发言都可以成为直播节目内容创造的一部分。这个时候，普通观众的参与感意识就大大增强了。

一旦内容市场习惯了参与感，你的内容又无法创造出参与感，那么作为媒体，你就可能会被用户抛弃。这也就是为什么传统媒体都在纷纷寻求转型的原因：一方面是因为大家的阅读载体发生了变化，以前由纸质媒体转移到桌面计算机，现在转移到智能手机，那么内容的分发载体也必须改变；另一方面是内容的制作方式要全面适应从传播型设计到参与感设计的转变。

课堂
讨论

　　如果你要写一篇微信公众号文章，你认为哪些方式会让文章更有参与感？打开你的手机微信公众号或者朋友圈，找一些擅长利用这些手段的典型微信号填写表1-7，然后和同学们分享一下。

表 1-7　文章分享

手　段	案例文章名
有场景代入感的标题	
抓住萌点的配图	
跟上潮流的表情包	
有趣的话题投票	
插入对胃口的背景音乐	
发一段真人语音	
播放个性视频	

4．社会化传播时代的来临

　　传统媒体，包括当下也视为是传统媒体的一些互联网媒体（如新闻网站），视频门户更多是依赖渠道的流量去传播。当网络分发流量的渠道是百度的时候，大家都必须在百度上投入推广费用；当网络流量渠道转移到微信的时候，大家又想通过微信公众号做推广。所以在新媒体上做推广，很多业内人士叫"导流"。不管应用的媒体平台是什么，传统媒体考核指标称为目标人群到达率，在报刊上就是发行量，在电视广播上就是收视（听）率，在网站上便是访问量。将广告或者公关文章插入或植入到覆盖量高的媒体内容中，便可以获得较高的注意力流量。

　　但这些流量的转化率到底如何？很难讲。什么样的流量是好流量？当然是转化率高的流量。什么样的流量转化率最高？当然是被用户信任的流量。

　　在过去，这些流量可以来自于搜索引擎，有公信力的网站，用户关注的明星微博，用户喜欢的微信公众号，等等。当好流量是稀缺资源的时候，流量就会越来越贵。

　　不过这其中质量最高的流量往往是你社交圈里信任的人推荐的。有些人在社交圈里能量高，在某些专业领域有眼光，大家都信任他，他推荐的产品或服务大家都很信任，会直接去选用。如果他能影响的人足够多，他就开始在某些领域形成了个人品牌，开始成为更多人的"信任代理"。一旦成为足够多的人的"信任代理"，他就可以有意识地强化个人品牌的标签识别度，不断曝光自己在某个领域的影响力，鼓励对这个领域感兴趣的人直接通过社交媒体和自己互动，积累粉丝订阅数，这样的人也容易被称为"自媒体""网红"。

这就是今天互联网和过去互联网的一个区别：今天的互联网越来越强化人和人直接的链接，而不仅仅是人和组织、人和社会的链接。

人和人的关系链逐步演化成社会化网络媒体最重要的组成部分。在社会化网络媒体中，谁拥有更多的用户信任，谁就掌握了一部分网络流量的走向，谁就能通过经营好这种"信任"带来商业回报。

所以说，社会化传播背后是一种"信任经济"，"网红"就是信任经济的一种典型产物。但要持续得到别人的信任，对大部分人而言，最好的方式不是做"网红"，而是培养专业化的品牌，做持续的原创专业内容产出。

你可以通过专业品牌产出优质内容，影响所能覆盖的用户关系链，让自己的内容借助喜欢自己的用户的社交关系链条传播扩散到更大的互联关系网中。如果产出的内容有足够的话题性或专业性，或者两者兼具，就有可能利用社交关系传播链条带来爆发性传播。

实战训练

表 1-8 中的哪些产品更依赖你朋友圈的社交口碑？请为你认为更受社交口碑影响的产品打钩。和同学交流一下看法：为什么有的产品更依赖社交口碑？

表 1-8　请选择你认为依赖社交口碑的产品

鲜花店		大米	
餐馆		醋	
英语培训班		辣椒酱	
手机		方便面	
某款游戏		某新款果汁	

5．短视频时代来临

据 2019 年 1 月发布的《2018 抖音大数据报告》显示，短视频产品"抖音"的国内日活跃用户突破 2.5 亿、国内月活跃用户突破 5 亿，热门城市全年点赞量超过 10 亿（见图 1-4）。显然，以"抖音"为代表的短视频产品正逐渐成为风靡全国的应用产品。

2018"抖音之城"排行榜

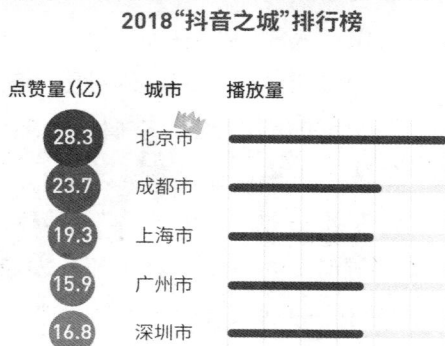

图 1-4　《2018 抖音大数据报告》部分内容

"视频"这一媒体形态其实诞生已久，优酷网、土豆网、爱奇艺等视频网站在 2005 年左右先后上线；而短视频仅属于视频的一个分支模块。但是为什么短视频会迅速崛起，成为企业新媒体营销必须重视的一大平台？原因有两个。

第一，传统的新媒体营销内容以图片、文字或 H5 等形式为主；与之相比，短视频的信息承载方式更立体、内容更丰富、互动性及参与感更强。

第二，随着智能手机的普及和移动互联网的提速降费，网民有了大量碎片化时间，而短视频平台的内容通常仅 15 秒左右，充分满足了网民在"等人""坐车"等碎片化场景的娱乐需求。

课堂讨论

请谈谈你通常在什么时间浏览短视频内容？

在这种趋势下，企业的新媒体营销工作也需要做出相应的变化。

首先是风格娱乐化。短视频平台的整体内容风格以轻松、娱乐为主，因此企业在短视频平台发布的内容需要减少枯燥的说教，增加其趣味性。

其次是视频真人化。虽然短视频平台可以发布纯文字类视频（见图 1-5 左）或图片翻页类视频（见图 1-5 中），但是平台曝光度高的内容往往以真人出镜类（见图 1-5 右）居多。因此，新媒体营销者除了具备文案创作能力及内容策划能力外，还需要拥有一定的"镜头感"，感受到镜头的位置并使其表情、肢体语言能被镜头以最佳角度记录。

图 1-5 短视频的不同样式

最后是内容系列化。短视频平台用户在遇到感兴趣的视频内容后，通常会查看作者信息并浏览更多视频，这就要求新媒体营销者对内容进行精准定位，防止出现"昨天拍花草、今天拍生活技巧、明天拍工作技能分享"的情况，最终对粉丝增长产生不利的影响。

6. 信息流时代来临

在新媒体领域，"信息流"指的是平台按照一定的顺序进行内容呈现，像水流一样将内容逐个呈现在用户眼前。例如，用户在进入微博首页后，所看到的信息呈现样式即信息流，如图 1-6 所示。

早期的信息流呈现以时间顺序为主。以微博为例，如果账号 A 在上午 8:00 发布微博、账号 B 在上午 8:10 发布微博、账号 C 在上午 8:05 发布微博，则用户进入微博后由上到下分别看到的内容是：A 的微博→C 的微博→B 的微博。

图 1-6　微博首页信息流样式

　　现阶段，多数平台的信息流呈现已经由"时间顺序"改为"算法分发"，即：平台数据系统会记录注册用户的每一次浏览行为，并基于此计算用户的喜好，随后向用户推送可能感兴趣的内容。例如，本书作者在今日头条阅读美食类文章后，系统便推荐多篇此类文章，如图 1-7 所示。

图 1-7　今日头条系统推荐内容

　　在以算法分发为主的信息流时代，新媒体账号内容的浏览量不再只取决于账号粉丝数，还取决于系统对账号的友好程度。如果某新媒体账号具有 100

万粉丝但系统不推荐，则内容浏览量可能仅个位数；相反，如果某新媒体账号只有1万粉丝但系统对其进行推荐，其内容浏览量可能会突破百万，甚至更多。

因此，在以算法分发为主的信息流时代，新媒体营销者需要在过往的"粉丝招募""粉丝留存"工作的基础上，做好以下三项工作。

第一，加强内容原创水平，防止被系统判定为"抄袭"而不被推荐。

第二，增强账号活跃程度，规律地更新系列化内容。

第三，重视平台日常沟通，加强与平台相关版块负责人的联络，第一时间了解系统规则变化，并争取获得平台资源位置。

课堂讨论

现阶段多数算法分发平台会记录用户的浏览行为，并"猜"出用户可能对什么感兴趣，进而为用户推荐感兴趣的内容。假如你近期在知乎浏览了大量求职类内容，以下哪些文章是知乎极有可能推荐给你的？

A.《在家如何制作好吃的牛肉干？》

B.《求职时如何与 HR 谈判以争取到更高的待遇？》

C.《如何有一个高质量睡眠？》

D.《求职的秘密：如何找到靠谱的公司？》

E.《你知道的最冷的冷知识是什么？》

7. 内容电商时代来临

21世纪初，国内新媒体平台（如新浪门户、网易邮箱、搜狐门户等）与电商平台（如阿里巴巴、当当网、慧聪网等）呈相互分离状态——新媒体平台负责内容传播、电商平台负责产品销售，两大平台各行其道，企业新媒体营销者应根据具体需求选择对应的平台。

但是随着微信公众平台、今日头条、大鱼号等新媒体内容平台的崛起，新媒体平台与电商平台开始广泛融合，越来越多的新媒体账号开始通过文章、视频等内容形式，直接销售商品（包括虚拟商品）。

例如，2017年12月19日，"黎贝卡的异想世界"在其公众号推出同名品牌，用户进入当日推送的文章《我的衣橱‖怎么用基本款单品提高衣橱利用率》并浏览全文后，在文末可以直接点击购买，如图 1-8 所示。

图 1-8 "黎贝卡的异想世界"公众号推文

凭借着优质的内容及文末无缝衔接的商品，"黎贝卡的异想世界"同名品牌一经推出便实现了"9 个单品在两分钟内卖出了 1000 件""7 分钟交易额突破 100 万元"的销售成绩。

在内容电商时代下，企业新媒体营销者需要特别注意的是：消费者的互联网消费习惯正在发生变化，从过往"有具体的购物需求后，去电商平台搜索、比对并下单"变为"无购物需求状态下浏览内容，由于被内容吸引或打动而直接下单"。

因此，如何根据用户属性进行产品选择，如何策划独特的内容吸引读者持续浏览，如何将广告"无缝"植入文章内，如何营造稀缺感并引导读者下单等，将成为企业新媒体营销者重点思考的问题。

课堂讨论

你是否有过"读完一篇文章，受作者推荐而购买一本书/一件衣服/一套课程"的经历？请找到这篇文章并与同学们分享。

本章小结

1．所有基于信息技术的媒体都可以看作新媒体，传统媒体经过信息技术改造后，也可以升级成新媒体。

2．不管是新媒体还是传统媒体，在实际工作中最关注的焦点是了解每一种媒体的覆盖人群、适合场景和风格调性，从而准确选择可以投放的媒体。

3．信息技术改变了人类的阅读行为模式，移动化、碎片化、场景式阅读开始成为主流，这深深影响了新媒体传播的规律。抢占读者注意力，吸引读者参与互动，诱导读者进行社交分享传播开始成为新媒体运营的主要目标。

4．新媒体营销必须对趋势保持关注，了解短视频、信息流及内容电商等最新变化，并进行对应的营销策略优化。

02 Chapter

新媒体的类型

通过阅读本章内容，你将学到：

- 新媒体的主要类型
- 不同类型新媒体发展脉络和发展趋势
- 不同类型新媒体广告的特征及适合目标人群
- 不同类型新媒体适合投放什么类型的产品

// 2.1 从门户网站到微网站

1. 第一代新媒体：门户网站

互联网在中国开始广泛为人所知，是始于 1998 年开始的门户网站建设热潮。当时人们对建设互联网的热情一点都不亚于今天建设移动互联网的热情，当时人们热衷建设的网站是门户网站。

门户网站，通俗地说就是进入互联网的一个入口，只要通过这个网站就可以获取你需要的所有信息，或者达到任何你想要达到的网站。

在门户网站发展刚起步时，很多门户网站只提供搜索服务和网站目录服务，但是在后来的发展中，这些门户网站快速地拓展各种新的业务，如电子邮件、发布新闻、在线调查、开通话题专栏、提供论坛博客等，功能越来越全面，架构也越来越复杂。

1994 年的美国雅虎网站就是一个链接合集，它为用户整合了互联网上的优质网站链接（见图 2-1），不断实时收录新的优质网站，大大节约了网友查找网站的时间，最后逐步发展成为一个互联网门户入口，盛极一时。

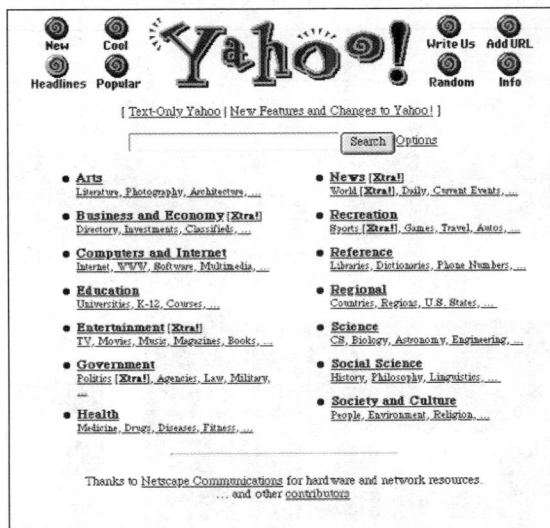

图 2-1　1994 年雅虎首页

中文早期门户网站也是模仿雅虎模式发展起来的，早期的网易界面就是一个中文版雅虎，只不过在页面设计上与雅虎的风格不同，如图 2-2 所示。

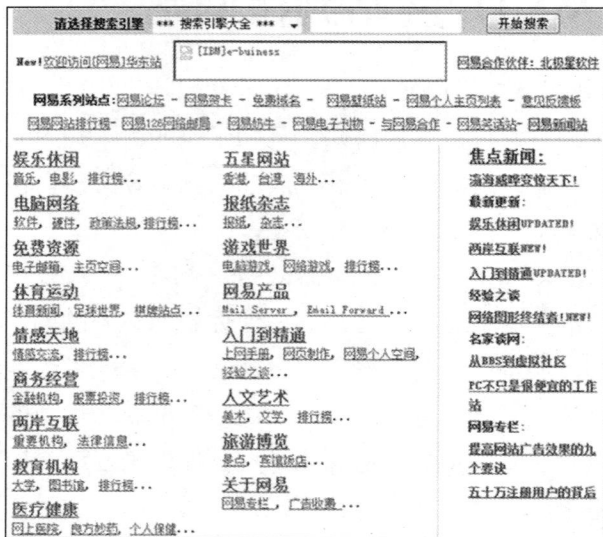

图 2-2　1998 年网易首页

到了今天，所有的新闻门户网站都发展成了栏目多元化的综合性网站，如今的门户网站首页和当年的区别非常大，如图 2-3 所示。

图 2-3　2019 年网易首页

根据获取信息的不同，门户网站分为综合型门户网站和垂直型门户网站。在我国，典型的综合型门户网站有新浪、搜狐、网易、腾讯四大网站。

把门户网站按照网站内容和定位分类，可以分为网址导航式门户网站、综合性门户网站、地方生活门户网站、垂直行业综合性门户网站及公司组织门户网站。

课堂讨论

请为表 2-1 所示的网站连线，想想它们都属于哪一类门户网站。

表 2-1　门户网站类型连线

360 导航		政府门户
新浪网		综合性门户
和讯网		地方生活门户
上海热线		垂直行业门户
工商银行		导航式门户
教育部		企业门户

2．移动门户：微网站

大多数的门户网站，通过网络都可以直接访问。当门户网站信息比较丰富的时候，一个页面放不下，就需要设置页面导航。首页上放重点信息，然后通过文字链接、图片链接让用户进入更多的子栏目页面，如图 2-4 所示。

图 2-4　新浪首页导航

　　从门户网站的结构来看，网站首页的传播效果最好，门户网站主要的传播能力也来自于首页。图 2-4 所示的中间区域就是门户网站的首页广告位，我们一般把这种广告称为 Banner 广告。

　　随着智能手机的普及，移动互联网时代到来，人们更多地喜欢在移动终端获取信息。很多门户为了适应手机阅读，有针对性地设计了手机门户，由此也出现了微网站的概念，如图 2-5 所示。

图 2-5　几个典型的微网站

3．门户网站和微网站在阅读方式上的区别

　　微网站更适应移动互联网的特性，信息展现形式更多样，更适合碎片化时间阅读。不过，其与门户网站一个巨大的区别就是微网站首页能展示的有效信息量非常少，所以用户在门户网站和微网站上的阅读习惯是不同的。

　　在门户网站上，一次性弹出信息量很大，人们的阅读习惯是把感兴趣的内容一口气点开，然后等页面刷新，逐个阅读后再逐个关闭。

　　在门户网站首页会放置很多弹窗广告、文字链广告、图片链广告，如图 2-6 所示。这些强制曝光的广告今天只能吸引很少的人关注，更多用户是因为手滑而误点开。这也是门户网站阅读的一个特点：每个页面上都有各种诱导你误点击或分散你阅读注意力的链接，让你的阅读很容易顺着各种超链接意外跳出。

图 2-6 门户网站腾讯网上的广告

而在微网站上，人们的阅读习惯是看到感兴趣的内容才会打开阅读。手机屏幕很难支持多个页面切换，所以阅读习惯是一层层进入。人们一旦打开一个页面，在相对短的时间内很少被干扰，反而可以获得相对专注的阅读体验。

新媒体运营者要理解这些互联网媒体变化趋势，这是为了更好选择合适的推广渠道。

要了解门户网站和微网站投放广告类型的不同，可以通过表 2-2 做一个对比分析。

表 2-2 门户网站和微网站对比

类型 \ 异同	门户网站	微网站
展现终端	计算机、Pad	智能手机
展示风格	繁复、令人眩晕	简洁、大气

续表

类型 \ 异同	门户网站	微网站
展示形式	强制弹窗、顶部 Banner、Banner 图文链、正文关键词超链接广告	顶部 Banner、文章底部广告、软文导流
交互方式	评论、点赞、导购	点赞、导购
传播方式	截屏或复制链接到 QQ 群、微信群	转发分享
适合类型	品牌广告、活动导流	产品导购

课堂讨论

假如你是京东商城的营销主管，在 6 月 18 日这天想让大家记得去参加京东大促销活动，你应该选择下面哪个媒体投放广告？

1. 新浪、网易、搜狐、腾讯首页。
2. 某百万粉丝级微信大号。
3. 网易新闻客户端。

说说你选择或不选择的理由。

实战训练

假如某汽车厂家推出一款新车型，其是否适合投放门户网站？说说你认为适合的原因或不适合的原因。

如果投放，你认为最吸引你的门户广告类型是什么，能否举例说明？

// 2.2 从邮件到 EDM

1987 年 9 月 20 日，有"中国互联网第一人"之称的钱天白教授从北京经意大利向当时联邦德国卡尔斯鲁厄大学发出了中国第一封电子邮件。

这封邮件的内容是"穿越长城，走向世界"。这是中国人在互联网上的第一步，从此"伊妹儿"（E-mail的谐音）开始进入第一代中国网民的视野，拥有一个个人电子邮箱成为网民的标配。

1. 第一代沟通工具：电子邮件

电子邮件（Electronic Mail，E-mail），指由寄件人将信息发送给一个人或多个人，一般会通过互联网或其他电子通信系统进行书写、发送和接收信件。通过电子邮件系统，用户可以以非常快速的方式（通常情况下几秒之内可以发送到世界上任何指定的目的地）与世界上任何一个角落的网络用户联络，电子邮件的内容可以是文字、图像、声音等各种多媒体信息，这是传统的信件方式难以相比的。

正是由于电子邮件使用简易、投递迅速、收费低廉、易于保存、全球畅通无阻的特点，使得电子邮件被广泛地应用，它使人们的交流方式得到了极大的改变。第一代网民每个人都要申请一个电子邮箱。电子邮箱就类似于用户的邮箱地址，或者更准确地说，相当于用户在互联网网站上租用了一个信箱。因为传统的信件是由邮递员送到用户的家门口的，而电子邮件则只需要用户自己在线查看信箱，不用跨出家门一步。

早期的电子邮件用扩大容量存储更多的信件，支持更大附件发送，进行更严格的垃圾邮件删除的方式吸引大家使用付费邮箱，并在一段时间内被看作互联网企业的盈利之道，但很快，越来越多的互联网网站把大容量电子邮箱作为免费服务推出。到今天几乎人人都拥有自己的电子邮箱，电子邮箱成为人们办公必不可少的工具。用户可以通过电子邮件的讨论会进行项目管理及决策，还可以通过网络与他们的客户、竞争伙伴乃至世界上的任何人进行通信和交流。

2. 电子邮件营销

随着电子邮箱的普及，电子邮件以文字、图像、声音等各种多媒体信息向用户提供信息和服务，无疑属于新媒体的范畴，人们进一步利用电子邮件新媒体的传播特性，从邮件中挖掘出了一种新的营销手段——邮件营销（E-mail Direct Marketing，EDM）。越来越多的机构推出了可以免费或付费订阅的新闻邮件、专题邮件，加上邮件信息搜索，这成为最早的互联网广告形式的载体。企业商户开始挖掘邮件中的商机，EDM开始慢慢兴起。

例如，用户在 QQ 邮箱中可以选择订阅自己喜欢的企业邮件，在这些推送的邮件中就可以搭载企业的营销信息，如图 2-7 所示。

图 2-7　QQ 邮箱里的邮件订阅区

与在邮箱里经常收到的不受欢迎的垃圾邮件（Spam）不同，邮件营销必须是在用户事先许可的前提下才能进行的，通过电子邮件的方式向目标用户传递有价值信息的一种网络营销手段。

许可邮件营销和垃圾邮件的区别如表 2-3 所示。

表 2-3　许可邮件营销和垃圾邮件的区别

异同 类型	许可邮件营销	垃圾邮件
事先许可	是	否
发送对象	潜在目标用户	广泛群发
发送内容	有价值的信息	广告甚至是诈骗信息
交互方式	允许退订	文件改名诱导下载，图片诱导跳转

3. 邮件营销策划

邮件营销必须是在用户事先许可的前提下，通过电子邮件的方式向目标用户传递有价值信息的一种网络营销手段。这里需要注意几个关键词："用户事先许可""目标用户"和"有价值信息"。从邮件发送方发送邮件、邮件接收方打开阅读邮件到用户反馈或产生购买行为，这是一次成功的邮件营销的主要过程。

邮件营销有以下三个好处。

（1）推广周期短，营销见效快。

（2）用户查看不受时空限制，转发传播快。

（3）发送给事先经过许可的有需求的目标用户，针对性强。

这就为各行业商家通过电子邮件进行节假日营销、事件营销提供了有利条件。同时，邮件营销也有一定的局限性，具体介绍如下。

（1）若无节制群发会变成垃圾邮件，也易导致企业的邮件服务器被电子邮件运营商封杀。

（2）没有经过精心设计的邮件发送，致使可信度不高；而且，在受众不精准的情况下，易引起用户反感，从而影响品牌美誉度等，降低了邮件的营销效果。

课堂讨论

打开你的电子邮件，看看有没有收到营销邮件。请识别一下，哪些是垃圾邮件，哪些是 EDM 邮件。

如果你收到的是 EDM 邮件，你认为采用以下哪些手段会提升邮件的营销效果？

1. 写一个吸引人的活动主题。

2. 一封邮件只推送一个主题，而不是堆积大量信息。

3. 邮件正文少用文字，多用有冲击力的图片。

案例分享

苹果公司就是一家非常重视邮件营销的公司。一旦你成为苹果公司的用户，苹果公司会要求你到苹果公司官网注册，并询问你是否愿意接受苹果公司的邮件。如果苹果有新品推出或者重大活动，订阅苹果邮件的用户就会收到苹果公司推送的邮件，如图 2-8 所示。

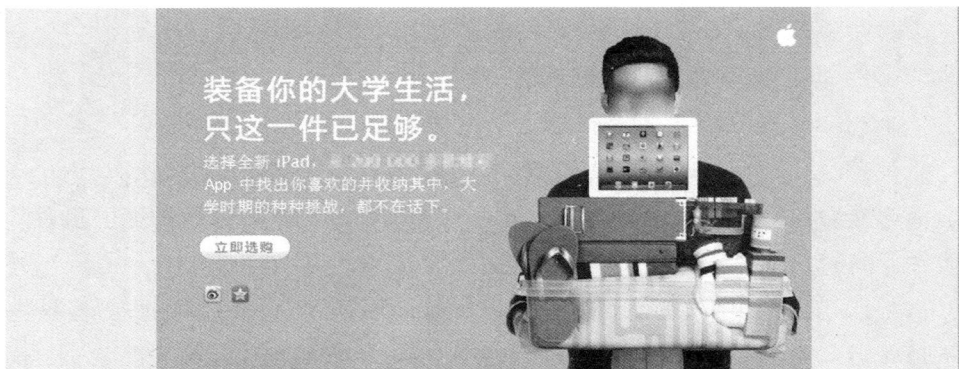

图 2-8　苹果公司的 EDM 邮件

新学期开学是苹果公司营销青睐的季节，学生对于电子消费产品需求旺盛，也喜欢尝试更多新鲜事物。所以每逢开学季，苹果公司就会有针对性地推送营销邮件。

日期：2018 年 8 月 30 日。

主题：拥有全新 iPad，为大学生活注入前所未有的新鲜感。

如果你的公司拥有大量的用户，又存在持续服务的需求，那么借助邮件营销就可以构建一种低成本且达到率不错的营销方式。而很多企业往往忽视了邮件营销的渠道，在收集用户信息的时候忽略了这种看起来很传统，但依然有一定转化率的营销模式。

实战训练

请列举一个适合邮件营销的产品，并结合某一节日，为其策划一封邮件营销的主题和内容。

// 2.3　从论坛到知乎

1. 第一代社区：论坛

论坛（Bulletin Board System，BBS），又名网络社区，是互联网上的一种电子信息服务系统。论坛的主要功能是用户可以自由发布主题和回复帖子，内容多变，具有极强的交互性。

中文论坛的火爆始于 1997 年，与中国互联网开始繁荣同步。

1997 年 11 月初，一位痴迷足球的福州男人老榕带着同样痴迷足球的 9 岁儿子飞到大连金州看世界杯预选赛，兴高采烈的他们最终以失望收场。几天后，他坐在计算机前义愤填膺地写下了一篇几乎让所有球迷落泪的文章《大连金州没有眼泪》，然后贴到了当时四通利方的论坛（新浪前身）的体育沙龙上。这个论坛聚集了一批体育迷，也是许多体育记者和编辑寻找新闻线索的地方。这篇帖子随即传遍了足球界和网络界。这篇文章在发布两周后，被《南方周末》于 1997 年 11 月 14 日整版转载。四通利方连同论坛版主的名字"Gooooooal"一起上了报纸，这位版主就是后来的新浪网第一位编辑，后来出任新浪全球执行副总裁、总编辑。"十强赛""老榕和他的文章""四通利方"，这几个词语似乎毫无关联，但在 1997 年，它们却成了中国网络论坛兴起的标志。这是一次影响深远的事件，让大家第一次感到互联网传播的巨大力量，也是传统媒体第一次关注以论坛为代表的网络新媒体。

1998 年开始，国内论坛发展如火如荼。除了新浪、搜狐、网易这三大门户网站论坛之外，天涯、西祠胡同、猫扑、凯迪等中文论坛逐渐兴起，甚至连"搜索巨头"百度也建立了"百度贴吧"，论坛盛极一时，如图 2-9 ~ 图 2-11 所示。不同的论坛为了争取用户、获取流量，开始走向细分道路，由此出现了如文学领域的榕树下、红袖添香，IT 领域的 DoNews，手机领域的手机之家，汽车领域的汽车之家等大量专业论坛，中文论坛开始步入繁荣时期。

图 2-9　天涯论坛

图 2-10　威锋网论坛，一个以 iPhone 作为主题的论坛

图 2-11　猫扑，中国知名的中文网络社区之一

　　由于人气大量汇聚，网络论坛不断地发展成熟，它们开辟了一个简单的互动沟通环境，尤其适于传播不同话题的讨论，如"灌水""置顶""加精""斑竹（版主）"。论坛是用户聚集的地方，论坛要运营到一定的流量和知名度才会盈利。不同类型的论坛，其盈利的模式也是不同的，但是现在大部分论坛还是靠广告盈利。

2．不适应移动时代的论坛媒体

　　论坛曾经是中文网民最爱的网络社区，很多人把网络论坛当作他们的精神家园。从 2009 年开始，中文论坛社区开始走下坡路，除了互联网舆论监管等因素之外，更多也是大势所趋，主要体现在以下方面。

（1）文章质量低

论坛的运作机制是用户只要注册就可以在话题下发表看法和评论，这导致在热门话题下"灌水"（发表没有实际阅读意义的"水文"）行为盛行，这导致热门论坛话题文章质量越来越低。

（2）管理成本高

热门论坛始终没有解决发布营销广告的问题，在论坛热门话题下发布广告帖，在热点话题评论中回复广告帖，或者在论坛里发布软文，这种行为让论文变成营销账户活跃的空间，导致忠实用户逃离。大部分论坛没有解决好商业模式问题，缺乏足够的管理员资源监控，也导致了论坛规模扩大后运营质量下滑。

（3）信息搜索难

由于论坛排列文章的顺序是按照最近一次回帖倒叙排列的，所以很多以前发表的文章都会被排列到后面，用户想要查找关于某方面内容的时候很不方便。事实上，大部分论坛就没有系统考虑过如何推荐优质内容，这仅靠"加精"和"置顶"是不够的。

在博客兴起后，高质量论坛版主更愿意去博客写文章，因为博主比论坛版主更容易建立个人品牌，于是有影响力的写手逐步转向博客、微博、微信公众号、头条号等新的写作平台；另外，中文小说网站也吸引了很多网络写手前去写连载小说，这导致曾经在论坛上盛极一时的连载帖写手流失。两个因素叠加，导致论坛的基础用户群体不断减少。

3．知乎：问答社区的复兴

随着人们泡论坛的时间慢慢变少，论坛似乎成为过时的新媒体。但创立于2010年12月的一个问答论坛社区——知乎却让人眼前一亮，如图2-12所示。

同样属于内容型社区，同样是人人可以注册，同样是在一个话题下人人都可以发表评论、互相点评，但知乎的用户使用体验就比过去的中文论坛好。

为什么知乎能做到这一点呢？

第一，知乎是一个真实的网络问答社区，由于大部分论坛是匿名注册，所以从一开始知乎就更容易形成实名社区的氛围，更容易培养友好与理性沟通的文化，避免过去中文论坛上常见的"拍砖"文化。

图 2-12　知乎页面

第二，知乎的运营策略是"先精英，后大众"，先联系各行各业的精英入驻，形成高质量问答的氛围，然后带动普通用户逐步加入，这样很容易让用户分享彼此的专业知识、经验和见解，理性沟通的文化得到传递和扩散，从而持续创造高质量的问答信息。

第三，从知乎对话题的管理模式上看，知乎的信息筛选机制比普通论坛要先进。知乎放弃了论坛传统的"导航树+置顶话题"的信息组织方式，而是直接引入关键词搜索模式，这一方面贴合了用户已经习惯搜索的使用特点，另一方面也可以通过控制搜索结果淘汰垃圾内容。

针对论坛中大量出现的"路过帖""沙发帖""mark 帖"，知乎一方面强化了对低质量或垃圾内容的功能化屏蔽；另一方面保留了"点赞回复"的激励功能，用户的高质量回答都会有记名的赞同。

应该说知乎这些设计非常适合手机移动端用户阅读，简单、方便、快捷，而传统论坛的话题树模式更适合计算机大屏幕，在智能手机普及的今天，知乎自然更容易赢得用户喜爱，如图 2-13 所示。

第四，知乎的问答，表面上是问答，背后还引入了社交网络服务（Social Network Service，SNS），是人、话题和问题的相互联系。知乎鼓励用户邀请最合适的人来回答最合适的问题，如有人提了关于法律的问题，这个问题很快会被关注法律话题的人看到，再由他们帮助邀请这个领域的专家来解答。这样，每个人获得正确答案的机会就会增大，正确的答案大家更愿意分享，分享的人多了，社区的力量也会得到验证和增强，这是一个良性循环。

图 2-13　知乎 App

第五，知乎打破了过去论坛的自我封闭性，过去论坛话题都在论坛内交互，知乎一开始就鼓励用户转发话题到微博，然后通过微博为自己的社区导流。知乎也经常主动发布《知乎文摘》，在各种新媒体平台发布，扩大知乎的影响力，吸引更多的用户来知乎交流。

总体来说，从传统论坛到知乎，两者都是对话题的讨论，但随着人们对信息获取的要求越来越高，同样都是内容型的社区，两种新媒体的形态在发展中不断发生变化，唯一没有变的是人们对交流的渴望。

**课堂
讨论**

你最近对什么问题感兴趣？到百度搜索输入你的问题，看看搜索页面里面有没有知乎的回答。打开知乎的回答及其他百度搜索结果，看看是否是知乎里面的回复质量更容易让你认可。

请在此基础上分析，一个网络问答论坛社区成功的因素至少要包括下面哪几项？

1. 在搜索引擎上有良好的表现（问答搜索）。
2. 确保高质量的回复。
3. 手机阅读体验愉快。
4. 方便网友注册和参与交流。

4．论坛营销的关键环节

论坛营销就是企业利用论坛这种网络交流的平台，通过文字、图片、视频等方式发布企业的产品和服务的信息，从而让目标用户对企业的产品和服务产生兴趣，最终达到宣传品牌、带动购买的网络营销活动。

论坛营销可以自己策划，选择合适论坛投放，这种对企业而言主要成本是注册账户和安排人力投放，也就是所谓的零成本。但是很多论坛为了打击广告帖，会大量删除这类软文，所以要确保投放效果，企业还需要和论坛营销的公关公司进行付费合作。论坛营销的主要环节如表 2-4 所示。

表 2-4　论坛营销的主要环节

话题策划	策划在论坛上能够引起关注的话题，最好是能够长期讨论的话题
帖子撰写	写出既能吸引目标客户又不容易被版主当广告帖删除的软文，将品牌、产品、活动内容植入论坛发帖内容，争取形成持续传播效应，甚至引发新闻事件，导致传播的连锁反应。 一般论坛上受欢迎的写法包括多图真相帖、连载故事帖、观点论战帖、新鲜视频帖等模式
内容投放	选择合适的论坛投放内容，并有针对性地进行内容微调，以符合对应论坛的特点，还需要落实"置顶""加精""踩楼""灌水""自顶"等后续安排
付费合作	选择合适的投放渠道合作伙伴，对比报价
效果监测	了解投放数据指标变化，评估投放效果，包括内容在搜索引擎上的表现

案例分享

论坛营销案例："一个馒头引发的婆媳大战"

2008 年 6 月，当时有很多关于婆媳关系的影视剧在热播，婆媳关系的关注度也很高。因此，某公司策划了"一个馒头引发的婆媳大战"事件。事件以第一人称讲述了南方的媳妇和北方的婆婆关于馒头发生争执的故事。

为了让帖子引起更多的关注，公司选择有影响力的论坛，付费请它们把帖子推到好的位置。帖子贴出来后，引发了不少讨论，其中就涉及了酵母的应用。这时，由专业人士把话题的方向引到酵母的其他功能上去，让人们知道了酵母不仅能蒸馒头，还可以直接食用，并有很多保健美容功能，如减肥。由于当时正值 6 月，正是减肥旺季，而减肥又是女人永远的关注点。于是，论坛上的讨论让这些关注婆媳关系的主妇们同时也记住了酵母的一个重要功效——减肥。

最初级的论坛营销就是大量注册马甲账户，到相关论坛发广告内容，这就是论坛"灌水"，虽然操作成本比较低，但效果很差，而且容易导致删帖。

到了今天，论坛营销还有新的"玩法"，如请有一定公信力的答主在知乎上进行高质量的回复，引发网友分享到社交媒体，这是更有效果的做法。

例如知乎答主"Simon 阿文"就回答过一个"有哪些软件堪称'神器'，却不为大众所知"的问题，点赞超过 15 000 人，而且这个话题能长期引发关注。在这篇回复里，阿文巧妙植入了自己的微信号和在线课程《和阿文一起学信息图表》的信息，带来了大量关注和购买。

课堂讨论

去知乎搜索提问"有哪些软件堪称'神器'，却不为大众所知"，阅读这篇长文，在学习干货的同时，讨论一下在知乎做论坛营销需要哪些元素。

知乎营销的基本策略是先在知乎发起一个讨论帖，然后邀请相关专家对该问题进行专业回答，产生深度内容，然后引起知乎用户围观，最后通过其他渠道，如微博、微信朋友圈等媒体对该答案进行二次传播。在这个过程中，把知乎当作话题引爆点，找到高水准专家回复，组织一批用户点赞，让高质量回复置顶和扩散，这是整个知乎营销过程中的关键环节。

实战
训练

　　如某商家将要上市一款男士商务皮鞋，商家想在上市之前通过知乎做一轮新媒体推广。请问：该产品是否适合投放该渠道？如果适合，该如何做？

// 2.4　从博客到微博

1. 第一代自媒体：博客

博客（Blog）来源于 Weblog。Weblog 指网络日志，是一种以网络作为载体，由个人管理、张贴新的文章内容、图片或视频的网站或在线日记，用来记录、抒发情感或分享信息、传播个人思想，带有知识集合链接的出版方式。

1999 年是博客开始高速增长的一年，主要是由于 Blogger、Big Blog Tool 等众多自动网络出版发布的免费软件的出现，而且它们往往还提供免费的服务器空间。有了这些，一个博主就可以零成本地发布、更新和维护自己的网站。

早期，人们会在博客上分享自己的所见所闻、身边发生的事、知识技能、思考感悟等，看一个人分享的博客内容，可以走进一个人的内心，可以大概知道一个人的喜好，还能通过文字感受到一个人的喜怒哀乐。相比论坛碎片化的话题，博客让一个人的面目、性格更清晰可见，更容易引发大家的认可和关注阅读。

博客兴起后出现了很多博客门户，如"博客中国""博客大巴""牛博网"。但随着各大门户都开通了博客频道并展开竞争，这些专门的博客门户都逐步在竞争中被淘汰了。

在博客繁荣的时候，知名博主获取回报的方式有三种。第一，写公关软文，为企业品牌"背书"，获取商业回报。第二，在博客页面嵌入广告链接，通过付费广告分成获得收益。在博客繁荣时代，嵌入搜索引擎的付费广告页面曾经非常流行。第三，内容打赏收入。博客时代在技术上实现了对文章内容的打赏，但当时并没有打赏文化，博主靠付费阅读获得生存空间的形式并不存在，真正有影响力的博主反而会选择去门户网站开专栏，扩大个人影响力，在其他领域换取回报，如图 2-14 所示。

图 2-14　门户网站新浪网旗下的新浪博主"月光博客"

2．微博：人人都是自媒体

微博，即微博客（MicroBlog）的简称，是一个基于用户社交关系的信息分享、传播以及获取的平台，用户可以通过微博平台发布 140 字左右的文字更新信息，并实现即时分享。微博之所以叫微型博客，从某种意义上讲，它属于博客的一种类型。2009 年以来，随着推特、饭否等微型博客的兴起，以新浪微博为代表的中国国内的微型博客也迅速发展，吸引了大量博主加入，还扩展了大量普通人群进入微博关注和"互粉"。2010 年往后的三年中，微博成了当时最热门的新媒体，如图 2-15、图 2-16 所示。

微博兴起和智能手机开始普及关系很大，用户可以利用 PC 端、移动端等各种可连接网络的终端进行访问，随时随地发布文字、图片、音频、视频等类型信息，再将自己的最新动态以短消息、短信等形式发送给关注者。

微博逐步取代博客的影响力，除了更适应移动终端之外，还有以下原因。

图 2-15　早期的新浪微博

图 2-16　2016 年的新浪微博

（1）入门简便

140 个字符表达长度大大降低了写作和分享的门槛，因此大受普通用户的青睐。用户可以通过计算机和手机客户端随时随地发布文字、图片、视频，更新信息。微博在编辑的过程中无须离开个人首页，只用在文本框内输入文字即可。而博客则没有字数限制，且在写作时需要另外打开一个页面进行编辑。因此，编写一条微博比写一篇博客所需要的时间要少得多，发布的过程也更迅速。

（2）碎片时间

微博内容简短，仅在 140 字以内，往往就是一句话、一张图片，提供的信息也是碎片式的。微博可以充分利用碎片时间写作和阅读，这又方便很多知名人士进入微博进行微分享，虽然微博内容大多不成系统，文本呈碎片化，但却加快了交流速度，降低了交流成本，强化了人与人之间的即时互动交流感。

（3）互动性强

微博有关注功能，即用户可以对其所感兴趣的人进行关注或者加为好友。加关注之后，对方所有在微博上公开发出的信息都会显示在用户的个人首页上，并随着时间自动更新。用户可以选择自己所关注的信息进行转发或评论。这些转发和评论都会在页面上给原作者以提醒，而原作者又能通过提醒功能查看其他人的留言和评论，能及时回复消息或者回答问题。同样，受众也能通过计算机、手机等利用碎片化时间即时接受传播者所发布的多媒体信息，并加以互动。

（4）社交传播

随着微博用户的不断增长，微博所能发挥的效用也越来越大。例如，@某著名艺人随意发一条微博，过一段时间就会有成千上万条转发和评论；再如，@人民日报发布一条新闻，瞬间被转发上万次，网友从而能迅速得知该条新闻的信息，如图 2-17 所示。

图 2-17　《人民日报》微博

3．博客营销

博客能展现人们知性、思考的一面，是表达感慨、思想的途径。博客的出现，将互联网上的社会化媒体推进了一大步，人们开始分享内容，建立自己的网上品牌形象。

一般来说，开博客都是个人行为，虽然也有企业博客，但其影响力很难和个人博主相比。所以我们谈博客营销一般是指通过博客网站或博客论坛接触博客作者和浏览者，请有影响力的博客作者借助个人的知识、兴趣和生活体验写出能帮助进行商品品牌或活动传播的营销活动。

具体而言，博客营销包括以下工作内容。

（1）在博客门户或频道中做广告

在博客门户或频道中做广告常见的做法是在博客文章边上放广告图文链接。这里广告的设计要把博客读者偏好考虑进去，争取和博主长期分享的话题有内在联系，这样广告效果才会更好。

（2）请优质博主发表专业文章

请优质博主发表专业文章就是俗称的写"软文"。很多博主简单地认为博客营销就是利用博客来发广告，在自己的博客里植入一些干巴巴的广告语，甚至有的企业跑到别人博客评论区留下自己的广告，实际上，这些办法往往徒劳无功还惹人反感。还有的人把博客营销文章写成了产品说明书、产品资料，缺乏可读性，自然效果很不理想了。软文写作也有自己的技巧。我们建议要学会写故事，通过一些生动的故事情节，让用户体会到产品功能的强大丰富，特别要善于利用图文方式优雅地展示一个产品的卖点。

（3）打造博客团队

通过公关公司安排发布有影响力的博客推广企业商业活动，来影响主流媒体的报道。

（4）监测博客网站

通过监测博客网站，及时发觉当前用户谈论最多的公司或当前人们最关注的话题，特别是负面话题，为潜在的危机公关做好准备。

4．微博营销

微博是一个颇为神奇的新媒体，像是进化版的博客，但微博的出现具有划时代的意义，标志着个人互联网时代的到来，它极大地拉近了网络上名人与普通用户的距离。

微博营销和博客营销的一个很大的区别就是：除了上文谈到的个人博客营销这些手段之外，微博营销企业更多关注自建微博展开营销。因为在微博上可以轻易实现流量导流，企业自建微博吸引粉丝，开展微博活动，打造购物闭环非常便捷。

从人性化角度上看，企业品牌的微博本身就可以将自己拟人化，更具亲和力。例如，小米公司在新浪微博上开通微博吸引了大量粉丝，通过各种微博活动促销，吸引了大量用户转发、参与微博活动，为产品宣传带来很好的正面影响，如图 2-18 所示。

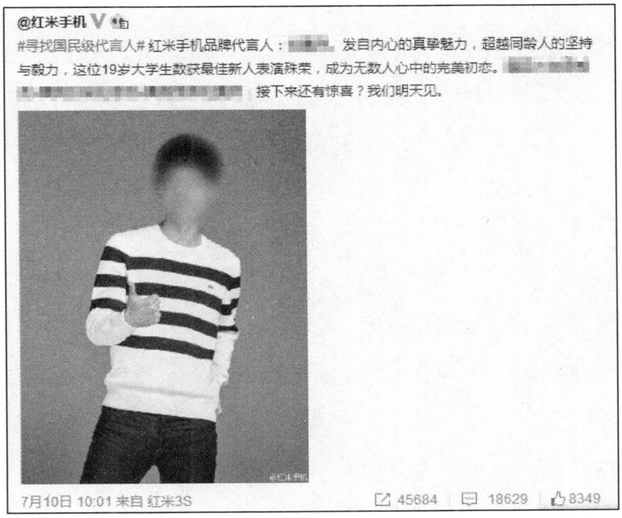

图 2-18　小米手机通过微博发起明星代言活动

另外要指出的是，今天的微博营销不仅可以做产品品牌宣传，还能够直接引导用户在线支付和购买，实现完整的业务闭环。更重要的是，企业可以借助微博转发放大自己的活动能量。微博最显著的特征之一就是传播迅速。一条微博在触发微博引爆点后短时间内互动性转发就可以抵达微博世界的每一个角落，达到短时间内最多的互动人数。因此，企业主可以请明星、名人微博主动帮助转发自己的活动微博，让自己的品牌活动借助名人微博的能量扩散，这是传统的博客营销很难做到的。此外通过微博头条、微博粉丝通等广告平台，企业也可以让成功的微博活动能量进一步扩大化。

企业一般是以盈利为目的的，运用微博往往是想通过微博来增加自己的知名度，达到能够将自己的商品卖出去的目的。在这方面，企业微博营销往往要难上许多，因为其知名度有限，短短的微博不能给用户一个直观的商品印象。所以企业在微博营销工作中一个非常重要的内容就是注意维护好很多和商品有关联的个人微博博主或者明星微博博主，这些人往往是某个领域的成功人士，他们运用微博往往是通过这样一个媒介来让自己的粉丝更进一步地去了解自己和喜欢自己，其微博功利性并不是很明显，借助他们的口碑来推广的效果会更好。

除了企业微博，还有一类微博是官方微博，但其运营目的不是为了营销，而是为了宣传。这类微博要注意培养自己固定的粉丝群体，做好内容定位，多与粉丝交流、互动，多用大众喜闻乐见的方式做宣传工作。

课堂讨论

作为一个普通个人微博的博主，下面两种策略哪种更容易使自己的微博引起传播？你在微博上能找出下面的互动案例吗？如何理解微博的大号效应？

1. 晒新书，写一句话读后感，@作者转发。
2. 写出深度读后感，发微博，希望得到网友传播。

实战训练

有人说微博现在活跃度急剧下滑，大家都不玩微博了，你自己的感受是怎样的？身边的人感受是怎样的？你认为这个说法有道理吗？请试着分析一下原因。

// 2.5 从搜索到知识问答

1. 搜索引擎

从 20 世纪 90 年代末开始，互联网上的网站与网页数量飞速增长，网民简单靠综合门户类网站分类找到自己需要的信息难度越来越大。人工分类编辑网站目录的方法受到时效和收录量的限制，无法再满足人们对网上内容的检索需求，于是网页搜索引擎在 2000 年后开始出现。搜索引擎的原理是使用蜘蛛程序在互联网上自动抓取海量网页信息，提取网页信息索引并存储到庞大的数据库中，并通过特殊算法将相关性最好的结果瞬间呈现给搜索者。

随着博客、网上社区、维基百科等媒体如火如荼地发展，用户逐步从单纯的信息获取者演变成信息发布者，人们通过网络分享自己的知识、体验、情感或见闻，使互联网上的内容越来越丰富多彩。内容上的无所不包使搜索引擎的收录也变得无所不包，人们发现通过搜索引擎可以找到自己想要的任何信息，从新闻热点到柴米油盐，从育儿百科到考研课程，信息的便捷获取潜移默化地改变了人们的思考方式和行为，搜索结果页上汇集了整个互联网的智慧，谁不想在苦思冥想前"搜索一下"呢？在互联网积累了海量信息后，高效的搜索引擎就成了互联网用户必备的应用之一。

在全球范围内，Google 是搜索结果准确度较高的搜索引擎。在中国，人们使用最多的搜索引擎则是百度。随着技术的发展，搜索引擎已经不再是简单支持关键词搜索，还支持很多高级搜索功能。

课堂
讨论

你知道有哪些搜索引擎高级搜索方法？

（1）Intitle 搜索范围限定在网页标题

网页标题通常是对网页内容提纲挈领式的归纳。把查询内容范围限定在网页标题中，有时能获得良好的效果。

例如：出国留学 intitle:美国

"intitle:"和后面的关键词之间不要有空格，冒号是英文半角字符。

（2）site 搜索范围限定在特定站点中

用户如果知道某个站点中有自己需要找的东西，就可以把搜索范围限定在这个站点中，提高查询效率。

例如：百度影音 "site:"

"site:"后面跟的站点域名，不要带 "http://"。"site:"和站点域名之间不要带空格。

（3）inurl 搜索范围限定在 URL 链接中

网页 URL 中的某些信息常常有某种有价值的含义。用户如果对搜索结果的 URL 做某种限定，可以获得良好的效果。

例如：auto 视频教程 inurl:video

查询词 "auto 视频教程"可以出现在网页的任何位置，而 "video"则必须出现在网页 URL 中。

（4）双引号（""）和书名号（《 》）精确匹配

查询词加上双引号（""）表示查询词不能被拆分，在搜索结果中必须完整出现，可以对查询词精确匹配。如果不加双引号（""），搜索内容经过百度分析后可能会被拆分。

查询词加上书名号（《 》）有两层特殊功能：一是书名号会出现在搜索结果中；二是被书名号扩起来的内容不会被拆分。书名号在某些搜索情况下特别有效果，如查询词为 "手机"，如果不加书名号，在很多情况下显示出来的是通信工具手机；而加上书名号后，搜索结果就都是关于电影《手机》方面的信息。

（5）减号（-）不含特定查询词

查询词用减号（-）语法可以帮助用户在搜索结果中排除包含特定关键词的所有网页。

例如：电影-qvod

查询词为 "电影"，在搜索结果中 "qvod"被排除在外。

（6）加号（+）包含特定查询词

查询词用加号（+）语法可以帮助用户在搜索结果中显示必须包含特定关

键词的所有网页。

例如：电影+qvod

查询词为"电影"，在搜索结果中"qvod"必须被包含在内。

（7）Filetype 搜索范围限定在指定文档格式中

查询词用 Filetype 语法可以限定查询词出现在指定的文档中，支持文档的格式有 pdf、doc、xlsx、ppt、rtf、all，这些文档格式对查找文档资料相当有帮助。

例如：工作总结 PPTfiletype:ppt

2. 搜索引擎营销

搜索引擎营销（Search Engine Marketing，SEM）是指用户使用搜索引擎时，在搜索结果页面中植入营销信息，诱导目标用户点击。在百度输入"搜索引擎营销"，出现的结果中，前面四条全部是商业推广，并非是自然搜索的结果，而是向百度支出了竞价排名费用、出现在搜索结果信息首页的单位，如图 2-19 所示。

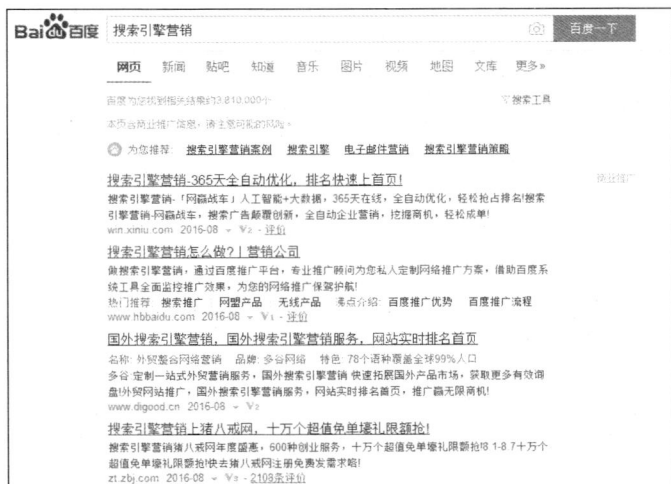

图 2-19　百度搜索

除了付费排名外，SEM 的方法还包括搜索引擎优化（Search Engine Optimization，SEO）、付费收录、大数据精准广告等模式。

其中，搜索引擎优化是指通过对网站结构调整、网站内容建设、网站代码优化及站外链接优化等，让符合自己需要的网站出现在某些关键词的自然搜索结果中，且排名靠前。例如搜索关键词"秋叶 PPT"，本书作者的相关结果就显示在首页，这就方便了潜在用户了解和沟通，如图 2-20 所示。

图 2-20　百度搜索"秋叶 PPT"

由于 SEO 显示的结果是自然结果，因此也就不需要向百度付费，因此在很多人眼里，SEO 是一种免费推广手段。但实际上要维护一个优质的 SEO 排名，用户就要和其他同行网站进行排名优化竞争，同样需要付出人力和精力，并不能真正免费。

课堂讨论

下面哪一种业务特别适合投放搜索引擎广告？

- 北京哪家英语培训机构好
- 海尔洗衣机
- 出国旅游

尝试搜索这些关键词，看看有没有商业推广，以及他们为什么要投放搜索引擎广告。

3．知识问答服务

随着互联网的迅速发展，搜索引擎在逐代地更新，同时在技术方面也在逐步地升级，搜索更加快速，信息更加完善，内容更加贴近用户需求，处理的数据量也越来越大，用户想要通过搜索引擎检索想知道的知识或信息，可快速搜索到自己满意的答案。除此之外，搜索引擎也在探索其他的内容呈现形式。

从百度搜索推出百度知道业务至 2016 年 7 月 8 日的 11 年时间内，中文互动问答平台百度知道已经累计吸引了 1.3 亿用户参与答题，解决了超过 4.1 亿个问题，沉淀专业问答 1 200 万个，"百度知道"每天产生 350 万个问题，平均每秒有超过 9 000 人获取答案，如图 2-21 所示。

图 2-21　百度知道

百度知道虽然好用，但是太多的结果也让人难以获得高质量的信息，同时很多知道结果里面已经被营销账户植入了营销信息，造成结果的可靠性下降。而在日常生活中，当人们产生疑问时，第一反应是问人，如果身边没有人可问，人们才会借助搜索引擎去搜索答案，但有时也会遇到搜索引擎给出的答案并不令人满意的情况；同时，遇到复杂一点的问题或某些特定的个人问题时，搜索引擎也很难帮上忙。

正是发现了这个需求，才产生了问答论坛社区——知乎。除此之外，2016 年 5 月 15 日，果壳网旗下"在行"在微信公众号上低调上线了一款更激进的问答服务——付费语音问答"分答"，如图 2-22 所示。

　　用户在分答平台上可以自我介绍或描述擅长的领域，设置付费问答的价格，其他用户感兴趣就可以付费向其提问，对方用 60 秒的时长来回答。问答环节结束后，"游客"若感兴趣，可以花钱收听，所付的钱将由提问者和回答者平分。

　　例如，本书作者擅长 PPT、职场技能、培训等相关领域，在分答标价 12元可咨询相关问题，用户若有需求，则付费 12 元询问，当秋叶老师回答完毕后，第一笔问答交易完成。当有同样需求的人看到提问者的问题后，可以支付 1 元来偷听秋叶老师的回答，这 1 元由原始的提问者和回答者平分，听的人越多，问答双方的收益也就越多，如图 2-23 所示。

图 2-22　分答

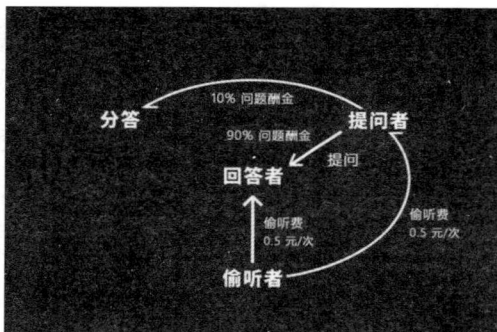

图 2-23　分答产品中的各角色关系

　　2018 年 2 月 6 日，分答在北京 A33 剧场召开"分答&在行"品牌升级发布会。宣布"分答"正式更名为"在行一点"。不过，产品名字的改变不会影响用户的需求。以往人们产生问题时，会寻求搜索引擎的帮助来获得答案；当人们遇到复杂或特定问题时，会从在行一点上寻求专家付费答案。从这一演变过程可以看出，互联网时代已经发展到越来越多的人需要个性化的付费服务的阶段。与搜索引擎相比，如在行一点这样的新媒体平台提供给提问者的答案相对更专业，而且回答形式更有亲和力，通过偷听收入分配机制和社交传播又可以进一步增加碎片化知识的传播，使之成为一种知识服务的零售平台。

实战
训练

想一个你关心的问题，通过搜索引擎"百度"查找答案，再通过在行一点（微信搜"在行一点"可直接进入页面）找一位专业人士提出一个你想知道的问题，对比一下两者的区别。

// 2.6 从 QQ 到微信

1. 即时通信

即时通信（Instant Messaging，IM），是一种可以让使用者在网络上进行私人聊天室（chatroom）交流的实时通信服务。通常即时通信服务会在使用者通话清单（类似电话簿）上的某人连上即时通信时发出信息通知使用者，使用者便可据此与此人通过互联网开始进行实时通信。除了文字外，大部分即时通信服务现在也提供语音或视频通信的能力，其已经完全取代了传统电话功能。

实时传信与电子邮件最大的不同在于不用等候，不需要每隔两分钟就按一次"传送与接收"，只要两个人同时在线，传送文字、档案、声音、影像给对方就都可以实时进行。目前，在国内互联网上，有一定规模用户的即时通信软件包括腾讯 QQ、微信、易信、钉钉、百度 HI、移动飞信、千手、京东咚咚、YY 语音等。

当前，中国即时通信市场几乎被腾讯垄断，腾讯 QQ 和微信都拥有超过 7 亿用户，中国网民几乎人手一个 QQ 号码。其实新浪在这个领域也可以说是先行者，早在 1999 年，新浪就推出了一款 IM 工具"Sinapager"，当时这款工具的功能应该说已经很强大了，与腾讯 QQ 相比也毫不逊色，而且当时用户并不少。但在 1999 年并没有多少人认为即时通信会有多大出路，因为这种需要随时挂在网上的聊天工具一直受制于互联网的拨号上网。这导致 QQ 用户数一增加就要不断扩充服务器，腾讯总裁马化腾甚至都坚持不下去了，一度曾决定将 QQ 卖掉。只是买家深圳电信数据局准备出 60 万元，而马化腾坚持要卖 100 万元，最终因为价格无法达成一致才谈判破裂。

但当马化腾在 2003 年第一次进入"福布斯中国富豪榜"前 100 名时，腾讯宣布 QQ 同时在线人数达到 492 万人，这个互联网业开始为即时通信沸腾。先是网易开始发力，在北京推出了新版的即时通信软件网易泡泡 2004；然后是新浪以 3 600 万美元的价格收购已有巨大用户群的 UC；搜狐在 2004 年年初推出即时通信软件"搜 Q"；微软的 MSN 也进入中国推广。2005 年，Ebay 以数亿美元的代价收购了做语音即时通信的软件 Skype，如图 2-24 所示。不过此时 Skype 并没有实现盈利。之前，搜索引擎巨头 Google 也开发了自己的语音即时通信聊天工具 Google Talk。

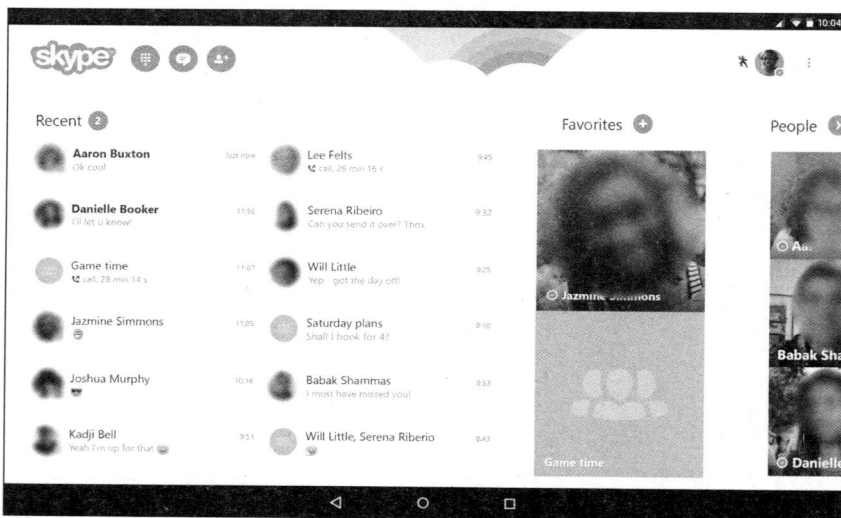

图 2-24　Skype 软件界面

一时之间，即时通信与搜索引擎一起成了最热门的互联网领域。至今能够在国内生存下来的即时通信软件只有腾讯一家，微软的 MSN、Skype、GoogleTalk 等产品都没有在中国市场上取得成功。

2. 微信和 QQ 的区别

在即时通信领域，目前国内并没有人能挑战腾讯的地位，但腾讯仍然在内部推出了一款新的即时通信工具——微信（WeChat），如图 2-25 所示。这款即时通信产品在短短两年内覆盖了中国几亿用户，而且走出了国门，成为今天世界上一款主流即时通信应用。

微信是腾讯公司于 2011 年 1 月 21 日推出的一个为智能终端提供即时通信服务的免费应用程序。微信支持跨通信运营商、跨操作系统平台，通过网络快速发送免费（需消耗少量网络流量）语音短信、视频、图片和文字，同时也提供了公众平台、朋友圈、消息推送等功能。用户可以通过"摇一摇""搜索号码""附近的人""扫一扫"等方式添加好友和关注公众平台，同时可以将内容分享给好友以及将看到的精彩内容分享到微信朋友圈。

图 2-25　微信聊天界面

截至 2019 年第一季度，微信已经覆盖了中国 90%以上的智能手机，月活跃用户超过 10 亿个，用户覆盖 200 多个国家及地区，超过 20 种语言。此外，各品牌的微信公众账号总数已经超过 1 500 万个，微信支付用户则达到了 6 亿个左右。

曾经有人说，随着移动互联时代的到来，微信不仅继承了 QQ 的用户，还不断拓展了新的用户、新的玩法，那么这是否就意味着 QQ 即将退出历史舞台、QQ 即将成为历史了呢？接下来，让我们通过对比了解一下 QQ 和微信有何不同。

课堂讨论

回想一下你使用 QQ 和微信的体验，给下面的两款对应产品的功能连线，如表 2-5 所示。说说你和身边的人更喜欢用 QQ 还是微信？

表 2-5　产品功能连线

		朋友圈
QQ		空间
		在线隐身
		摇一摇
微信		服装秀
		公众平台

QQ 是适应 PC 互联网时代的即时通信工具，微信是适应移动互联网时代的即时通信工具。在 PC 互联网时代，QQ 无疑是国内极具效率的即时通信工具，是用户装机必备的软件，围绕 QQ 也衍生出了以 Q 币为支付基础的电子商品和游戏消费体系，QQ 推出的付费会员也非常成功。

但在移动互联时代，QQ 的许多适应 PC 端的功能就显得不重要了，移动互联网时代的用户更喜欢在手机上就完成各种交流和互动，专注移动端更轻、更简洁的微信就更加适合人们的需求。虽然 QQ 也有移动端，但手机 QQ 是 PC QQ 在移动端的延伸，而微信是针对智能手机等移动平台量身定做的，所以微信智能移动端的属性更强一些。例如，QQ 有在线、隐身、离开、离线等功能，而微信是为移动互联网设计的，没有"在线"这个概念是其最典型的特征。

QQ 和微信都有自己的个人空间，即朋友圈与 QQ 空间。它们的不同主要体现在两个方面：分享内容和隐私策略。微信朋友圈分享的内容主要是碎片化的场景内容。QQ 空间则分成两块，手机 QQ 空间分享的内容和朋友圈类似，主要是碎片化内容，但浏览的内容会包括 PC QQ 空间的内容；PC QQ 空间分享的内容则比较丰富，包括日志、说说、相册等。微信朋友圈基于更为私密的关系链，其隐私权限限制更为严格，如微信朋友圈只能看到互为好友产生的评论回复；而 QQ 空间可以看到任何人对自己好友的评论回复。

在手机或平板电脑取代 PC 之前，微信和 QQ 还是共存互助的关系。尽管 QQ 与微信之间也存在一定的竞争性，但更多存在的是相互支持的关系。

有人说，青少年是 QQ 的重度用户，而微信则偏向于白领。你同意这个判断吗？如果同意，尝试分析造成这种现象的原因。

3. 微信营销

微信是时下中国最火的新媒体平台，如何借助微信平台展开营销活动，也成了很多企业考虑的问题。

目前来看，微信营销包括四种模式。

（1）微信公众号模式

不管是企业还是个人都可以开通微信公众账户，通过微信公众账户推送文章和提供用户需要的服务。有的企业微信公众账户积累了几千万用户，可以直接针对自己的客户进行精准的信息推送，大大提高了企业的用户管理和运营水平。

不少官方媒体也纷纷开设微信公众号，传播自己的文章和观点，如《人民日报》微信公众号，文章阅读量经常超过 10 万次，如图 2-26 所示。

图 2-26 《人民日报》微信公众号

（2）微信朋友圈模式

在微信朋友圈经常会看到朋友分享的内容，所以有的用户就通过加好友在朋友圈发软性文章做推广。微信目前限制好友数量的上限是 5 000 个，假如你拥有 5 000 个好友，就相当于拥有了一个活跃度很高的微博账户。通过在朋友圈发导购信息，然后转入微信私聊，进入微店成交，已经成为很多电商运营的重点模式。

（3）微店模式

微信鼓励和支持企业在微信平台上开店，把自己的商品和服务通过微信支付进行销售，所以通过微信构建各种消费服务的企业也非常多，而且可以通过微信公众号推广、微信群营销、微信朋友圈营销导流。

（4）微信广告模式

微信针对中小型企业推出了广点通业务，也就是开通账户后，可以在微信公众号文章底部插入用户的商品广告链接。对于更有实力的企业来说还可以尝试投放朋友圈广告。

课堂讨论

你在微信里看过朋友圈广告吗？你觉得这个广告效果如何？什么样的人才会点微信朋友圈广告？

实战训练

背景：你是小米公司市场部的一名营销策划专员，公司即将上市一款价位在 699～799 元的红米手机，第二天部门将开会讨论该款手机选择在 QQ 空间渠道还是微信朋友圈渠道投放广告。你需要思考选择投放哪个渠道以及为什么投放这个渠道？

小组模拟开会场景，小组成员分别扮演营销策划专员，向主管说出自己的看法，并让主管认可自己的理由。

// 2.7 从视频到抖音

1. 视频网站

视频网站是指可以让互联网用户在线流畅发布、浏览和分享视频作品的网络媒体。

2005 年，YouTube 视频网站以其独特的分享模式取得成功后，于 2006 年被 Google 以天价收购，于是这家美国的视频分享网站进入了中国人的视野。

在那之后，很多人看准了视频网站中所蕴含的巨大商机并纷纷仿效，一时间国内视频网站呈爆炸式发展。网络视频行业虽然诞生的时间不是很长，但发展却非常迅速。除去专业的视频网站（如优酷、土豆、乐视等），一些门户网站（如搜狐、新浪、网易等）也开始进入该领域。这一时期，酷6、爆米花、暴风影音、PPlive、PPS等数百家视频网站纷纷崛起，分别从自己的角度做起了网络视频的生意。

视频网站早期的主要运营模式就是发动网友上传和分享视频，这样可以在短时间内聚集大量的人气和流量。视频网站培养了不少属于自己平台的"草根"名人，都曾通过优酷、土豆、酷6网等视频分享平台赢得了广泛关注。图2-27所示为优酷官网首页。

图 2-27　优酷官网首页

随着视频行业的发展，视频网站的主要收入——广告流量收入发展缓慢，远不足以支撑庞大的运营成本。视频网站的运营成本主要是在版权、带宽、服务器、运营的支出上，其中版权和带宽方面的建设支出较大，这两点限制了视频网站的盈利空间。再加上我国的各大视频网站版块形式与内容过于雷同，盗版现象比较严重，缺乏创新，这导致很多视频网站一直没有实现盈利。

为了实现盈利，国内的视频网站从免费分享视频模式走向了在视频前后加上贴片广告的模式，包括视频暂停时也可以插入暂停广告。一开始视频网站担心破坏用户体验，要求视频广告采取随机插入的策略，广告时间也不得超过 15 秒。后来逐步发展到广告长达 60 秒，而且强制用户必须观看完才能看视频。之所以发生这样的变化，一个很重要的原因是几乎所有生存下来的视频网站都开始重视购买独家原创影视剧版权，或者干脆自拍网剧。最近这几年，优酷、爱奇艺、乐视等视频网站出品了大量的原创爆款影视剧，大量流失的电视观众为了追剧，纷纷成为视频网站的用户，甚至成为付费用户（付费用户享有跳过广告的特权）。

课堂讨论

　　结合自己的亲身经历，说说你平时使用最多的视频网站是什么，并说出自己喜欢上该视频网站的原因——是不是为了追剧？是为了追哪一部影视剧？

2．短视频和传统视频的区别

在 2016 年 9 月，专注年轻人的 15 秒音乐短视频社交软件"抖音"上线，用户可以通过抖音选择歌曲并拍摄 15 秒的音乐短视频，形成自己的作品。

在完成初期的验证及版本更新后，抖音于 2017 年 2 月开启大规模的用户拉新工作；2018 年春节开始，抖音已经在软件下载市场超越微信、微博等一系列耳熟能详的软件，其下载排行榜单如图 2-28 所示。

排行榜

付费 App	免费 App

1　抖音短视...
分享美好生活　　打开

2　拼多多 -...
新人送888...　　获取

3　美团打车...
美团大众点...　　打开

图 2-28　软件下载排行榜单

除了抖音外，快手、美拍等短视频软件，也凭借全新设计风格、清晰的视频拍摄，炫酷的音乐主题、丰富的特效，迅速受到年轻人的喜爱。

与传统视频网站相比，短视频软件具有极大的差异化，如表 2-6 所示。

表 2-6　传统视频网站和短视频软件对比

类型 角度	视频网站	短视频软件
操作难易程度	操作流程烦琐	随手拍随手传，简单方便
上传模式	需要上传到视频网站	直接分享
内容形式	长视频为主	60 秒内短视频为主
拍摄工具	专业设备或手机	手机 App
功能特点	视频需要后期处理	即拍即处理
传播渠道	网站自己导流	通过社交媒体传播

从操作难易程度上，视频网站上传视频的流程比较复杂，需要经过摄像机或手机拍摄—复制到计算机—剪辑—注册上传—转码审核，整个过程较为烦琐。现在人们基本上人均一部手机，并且近几年移动网络也越来越发达，短视频软件完全可以解决视频网站上传流程烦琐的问题，只需要打开手机里的短视频 App，随手拍摄就可以直接上传，操作方便简单。

从内容形式上，现在视频网站内的视频越来越多，以电视剧、电影、综艺等长视频为主，而抖音、快手等软件则主要以短视频为主，其在社交媒体分享，做的是社交圈传播。在社交媒体领域，速度更快、耗费流量更少的短视频媒体更受欢迎。

课堂讨论

你安装"抖音"这样的短视频软件了吗？请与身边用过的同学交流使用类似的软件是一种怎样的体验。

3．视频营销

目前谈到视频营销，需要从"视频网站"和"短视频平台"两方面分别了解。

（1）视频网站

在视频网站做营销，主要有两种模式。第一是投放贴片广告模式，这种模式的本质是电视广告。由于现在年轻人看电视较少，他们一般在网络上看节目，因此电视广告商自然把广告投放在视频媒体上。第二是网剧植入，直接在视频网站拍摄的原创网剧里植入自己的产品品牌，这其实也是线下影视剧的玩法。

与其他新媒体营销方式不同，在视频网站做营销更多匹配传统的电视营销，更多依赖内容吸引不同的观众群，然后相对精确地投放匹配的广告类型，更多是品牌广告或是热点活动广告，很难成为精准导流的电商广告。这里面的道理很简单：看视频的人能够通过视频广告记住你就很不错了，让他们跳出要看的视频去你的网站购物可能性不大。

不过有的广告主把自己的视频拍得特别有创意，使广告视频本身就成为网络上的一个引爆点，如泰国就非常擅长推出这种视频广告，每次都引发网络上大量传播和点击，成为"病毒式营销"的案例。人属于视觉动物，与其他媒体投放手段相比，视频营销可使用户更加直观地看到视频内的产品内容，用户也会对视频的内容产生比较深刻的记忆。如果成功拍出一个网友喜欢的广告，还能借助社交网络在网络上进行长时间的免费传播。

课堂讨论

回想一下：你在视频网站上观看视频时，看到过哪些广告？有没有电子商务产品直接导购的广告？为什么会这样投放？

（2）短视频平台

在短视频平台做营销，其模式分为3大类。

第一是投放信息流广告，用户在软件中逐条浏览短视频时，可以直接观看企业广告，如图2-29所示。

第二是与网络红人进行合作，邀请粉丝数量大的网络红人拍摄定制化短视频，把企业广告友好地植入短视频里。例如王老吉在推广产品时，邀请抖音红人"代古拉k"拍摄短视频，企业产品的卡通形象直接出现在视频内，如图2-30所示。

图 2-29　短视频信息流广告

　　第三是开通商品橱窗，随后将企业产品上传至商品橱窗，最后围绕产品
拍摄短视频，并引导用户点击购买，如图 2-31 所示。

图 2-30　短视频红人合作

图 2-31　短视频商品橱窗

请在短视频软件里寻找"信息流广告""红人合作""商品橱窗"案例，你认为哪种营销模式更能打动你，让你产生消费冲动？

// 2.8 从手机报到新闻客户端

1. 手机报

手机报（Mobile Newspaper）是从手机短信发展而来的，和手机短信只有几十个字不同，手机报可以推送新闻、图片、广告等内容，可以为企业发送大容量的多媒体信息，包括长达 1 000 字的文章、小于 50KB 的图片。它的实质是电信增值业务彩信与传统媒体相结合的产物，是以手机作为传播新闻的载体，实现用户与资讯的零距离接触。

2004 年 7 月 18 日，《中国妇女报》（彩信版）正式开通，该报也成为我国第一份手机报。手机报刚出现时，很多人认为这会给传统媒体带来跨时代的革命性意义，手机报纸是一个新媒介时代的开始。但实际上手机报第一没有取代传统媒介，第二也没有成为新媒体的主流渠道，甚至在营销推广上还不如手机短信到达率高。

你收到过手机报吗？你收到过手机营销短信吗？手机报和营销短信，你更愿意看哪一个？哪一种效果更好？

手机报操作的模式类似于传统纸媒，就是报纸通过电信运营商将新闻以彩信的方式发送到手机终端上，用户可以离线观看，也可以通过访问手机报的 WAP 网站在线浏览信息，类似于上网浏览的方式。

手机报主要通过三种手段实现盈利：一是对彩信定制用户收取包月订阅费；二是对 WAP 网站浏览用户采取按时间计费的手段；三是借鉴传统媒体的盈利方式，通过吸引用户来获取广告收入。

手机报没有得到普及，主要有以下三个原因。

（1）手机报出现太早，用户没有形成手机阅读的习惯。

（2）手机带宽流量不足，WAP 网站阅读体验不佳。

（3）手机报更多是传统媒体复制推送自己网站的内容，而不是围绕移动阅读打造产品。

虽然手机报不温不火，但是不等于移动新闻阅读没有需求，从 2012 年开始，各大媒体网站逐渐开始展开新闻客户端之间的竞争。腾讯、网易、搜狐等多家著名网络公司对移动新闻的客户端进行了研发。

2. 新闻客户端

为了适应移动阅读模式，新闻门户网站纷纷推出专门的新闻门户客户端，如网易新闻客户端、腾讯新闻客户端、搜狐新闻客户端。也有人发现机会，推出了更适应手机阅读的新闻门户媒体，如今日头条。有些传统媒体也抓住移动阅读的时机，推出了自己的移动新闻客户端，如浙报集团的澎湃新闻、上海文广集团的界面新闻。

这些借助数字、移动技术，安装在移动客户端上的新闻类服务程序，我们统一称其为新闻客户端产品，如图 2-32 所示。

新闻客户端的兴起其实是适应移动阅读的趋势，取代传统看报纸或从门户网站看新闻的需求，但是移动终端界面很小，所以新闻客户端也为适应这一变化做了许多重要的创新，具体介绍如下。

（1）碎片化阅读，排版适应手机载体，受众可随时随地阅读相应信息。

图 2-32　网易新闻客户端

（2）突出头条新闻，引入独家原创内容，围绕精准定位推送文章，抓住目标人群。

（3）强化个性化推送，依据用户阅读习惯，智能推送用户喜欢阅读的文章。

（4）订阅简单，安装方便，可以自动弹出消息提示。

（5）鼓励转发社交媒体，强化交流分享属性。

手机报和新闻客户端同样都是通过手机获取新闻资讯的，但二者存在相当大的区别，我们可以通过表 2-7 进行对比分析。

表 2-7   手机报和新闻客户端的对比

异同 \ 类型	手机报	新闻客户端
展现渠道	短信、彩信	新闻 App
展示形式	单一图片或文字	焦点图 Banner、信息流、图文、视频、直播
交互形式	单向推送	评价、点赞、分享、智能推送个性内容
传播方式	转发短信	转发微博或微信朋友圈
营销模式	广告信息植入	品牌广告位、活动导流、产品导购、软文植入、公关文章

不仅传统门户网站和传统媒体引入新闻客户端，还有专门的内容聚合推送阅读客户端，这就是今日头条。今日头条是一款基于数据挖掘的推荐引擎产品，它为用户推荐有价值的、个性化的信息，提供连接人与信息的新型服务，是国内移动互联网领域成长迅速的产品服务商之一。它于 2012 年 3 月创建，截至 2018 年 7 月，今日头条累计激活用户数已超 6 亿，日活跃人数超过 1.2 亿，日均使用时长 90 分钟，平均单次运行时长 15.2 分钟。其中，"头条号"平台的账号数量已超过 120 万个，"头条号"自媒体账号总量超过 100 万个，与今日头条合作的各类媒体、政府、机构等总计超过 7 万家。

当用户使用微博、QQ 等社交账号登录今日头条时，它能在 5 秒内通过算法解读使用者的阅读兴趣。用户每次动作后，今日头条能在 10 秒内更新用户模型，从而越来越懂用户的阅读兴趣，进行精准的阅读内容推荐。

如今，日头条这样的智能推荐搜索新闻引擎将会是未来新闻阅读发展的方向，如图 2-33 所示。

图 2-33　今日头条客户端

　　安装今日头条新闻客户端，看看有没有产品或品牌的广告投放，并做以下分析。

　　1. 该条广告为何投放在此新闻客户端上？

　　2. 该条广告为何会在客户端的这个入口的这个位置上？其原因有哪些？

　　3. 该产品或品牌的目标受众属于哪类人群？

// 2.9　从数字电视到直播

1. 数字电视

　　自 20 世纪 90 年代以来，随着计算机信息技术与数字化技术的发展，伴随高科技的图像压缩技术，传统的广播电视行业进入了数字化发展的新阶段。从显像技术上看，电视经历了从黑白到彩色的发展过程；从成像技术上看，电视正经历着从模拟信号到数字信号的转变。

数字电视是一个面向用户的数字处理系统，涵盖了从电视节目的采集到电视节目的制作与传输等多个过程。我国自 1999 年 10 月 1 日起开始试播高清晰度电视（HDTV），2012 年 1 月 1 日起开始试播立体电视，如图 2-34 所示。

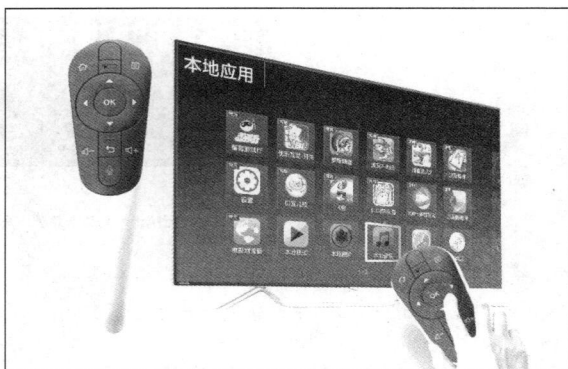

图 2-34　夏普 50 英寸 3D 数字电视

数字电视的产生是电视技术革命的一个全新变化，它不仅仅是传统广播电视的数字化，究其本质，数字电视与数字通信基本一样，它们都是以数字化的形式对信息进行传递。在当前发展的过程中，数字电视引领了多产业链的同步发展，数字电视与传统广播电视在交互上的区别如表 2-8 所示。

表 2-8　数字电视与传统广播电视在交互上的区别

类型 异同	数字电视	传统广播电视
图像质量	高	传输接收信号有衰减，影响图像质量
节目容量	大	容量有限
是否支持点播	支持	只能有限换台
是否支持回看	支持	不支持
是否支持快进	支持	不支持
是否支持在线交互	可扩展多种交互场景	不支持
是否支持数字游戏	支持	不支持

数字电视具有图像清晰、无噪声、无重影、多媒体、可以点播等特点，能使用户看到更多、更丰富的节目资源，受到了广大用户的欢迎，所以很多人把数字电视看作家庭互联网中心的入口平台并对其寄予厚望。例如小米、乐视等互联网企业推出数字电视，也是想提前卡位这个互联网入口。

课堂讨论

你收看过数字电视吗？和同学分享一下你看数字电视的使用习惯：如何选台？如何换台？如何看节目（快进跳过广告？快进跳过不想看的情节？）这些习惯对数字电视广告有无影响？你觉得习惯数字电视的人还会看传统广播电视节目吗？

2. 移动端新潮流：直播

2015 年以来，网上最热的新媒体无疑是网络直播。当集美貌与才华于一身的 papi 酱开始通过直播售卖《魔兽》衍生服装时，直播开始渗入我们的生活。

网络直播是一群人同一时间通过网络在线观察真人互动节目。最早是在优酷、土豆等视频网站上传个人小视频，再发展到网页端的"秀场"时代，如今的直播平台已经进入了"随走、随看、随播"的移动视频直播时代。

网络视频直播最大的特点是可以让用户与现场进行实时连接，具备最真实、最直接的体验。从信息传播的角度来看，文字可以编辑，图片可以修饰，就连视频也能剪辑制作，唯独直播的真实性较强，接下来主播和用户如何互动是无法提前安排的，这才会给用户足够的想象空间和惊喜，吸引用户收看，而其强大的互动性也拉近了粉丝和主播的距离。如果运营商请的直播主持人有影响力或是大明星，那么直播同样可以创造出具有超高影响力的话题，并与直播的粉丝实时互动，带动更多用户一起参与进来，使话题更具传播力。

今天的网络直播只需要通过一部手机便能够实现，这大大降低了传播门槛。通过直播，人们能够将自己的日常生活发布到网站上，以新鲜、奇特的内容吸引更多人的关注。而通过直播，人们能够将外部的东西附加进去，实现产品宣传，而感兴趣的人可以通过购买行为让直播者实现流量变现。如果你在直播平台上有足够吸引力的话，你就能成为人们心目中的"网红"，就具有引导流量变现的能力。因此，网络直播成了现在热捧的一种新媒体营销方式。

3. 网络直播主持人：网红

现在越来越多的企业青睐直播营销，而且开始培养自己企业的"网红"品牌。直播营销更受企业认可的原因在于以下几个方面。

（1）极强的实时互动性

过去企业发布产品和服务信息，受众通过海报、广告牌、微博、微信公众号等方式了解信息，企业一旦发出产品广告就不能立刻修改，不能实时互动。直播可以摆脱这种困境，在直播过程中，商家可根据受众的喜好和建议做出实时的反馈，使广告效应最大化。

（2）获取精准用户

企业可以通过设定直播话题让用户集中在某一特定的时间，锁定忠诚用户，使广告有特定的价值，减少无效流量投入。

（3）实时产生转化

直播不仅能够让企业看到用户的覆盖面和粉丝的增长数量等数据，同时还可以实现用户边看边买，或配合促销活动导流相应的电商平台购买，从而直接从关注实现转化，即实现产品的立即销售。

（4）网络运营成本低

过去举办一场商品发布会，可能需要其他城市区域人员的配合，沟通协调成本高；而有了直播平台，只要做好宣传推广，不管用户在哪里，都可以在线参与，产生实时互动。

总体来说，直播营销的互动性、实时性、真实性让用户在接受品牌的营销信息时，也能感受到一种平等和尊重，而不是被迫强制观看。同时，商家也能通过直播营销，使自己的品牌意识深入到每一位受众心中，从而达到更好的销售目标。

不过，直播营销也有一个"高门槛"，就是对直播主持人魅力要求很高。优秀主持人的影响力会有效辐射到商品销售上，这也是企业把优质"网红"培养和争夺当作直播营销重头戏的原因。

你看过直播节目吗？你喜欢看哪种类型的直播节目？你认为收看直播会成为很多人的上网习惯吗？你认为哪些人群更愿意看上网直播？

如果你是某品牌电动车企业线下活动的负责人，该活动需要通过线上曝光展现公司新品电动车电量持久的产品特点。

问：假如选择数字电视频道，你认为效果如何？如果选择女主播推荐电动车，效果会好吗？

// 2.10 从淘宝到微店

1. 电子商务平台：淘宝网

其实最早的电子商务平台是 B2B 平台，也就是企业和企业在网站上寻求业务合作的平台，如中国的阿里巴巴就是这样的贸易平台。后来互联网企业发现互联网可以直接打通企业和消费者之间的直接联系，于是就开始尝试做 B2C 平台，早在 2003 年中国就有了这样的网上购物网站。电子商务巨头美国 eBay 在这个时候投资 1.8 亿美元接管易趣，进军中国市场，如图 2-35、图 2-36 所示。

在 2003 年之前，除了易趣，中国几乎没有什么强有力的电子商务网站，直到阿里巴巴的淘宝出现。2003 年 4 月，马云秘密派出一支 9 人小团队入驻杭州城西湖畔花园小区一幢小楼里，签了保密协议，夜以继日地研发一个月。2003 年 5 月 10 日，淘宝网正式上线，网页上挂出的 200 多件"商品"全是几个技术人员从自家拿来的闲置物。20 天后，淘宝有了第 1 万名注册用户。淘宝网首页如图 2-37、图 2-38 所示。

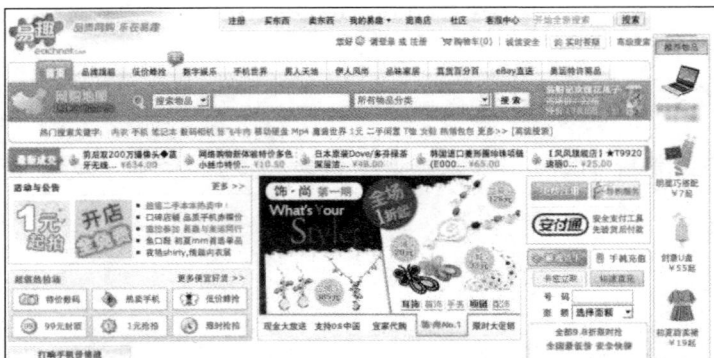

图 2-35　eBay 易趣首页

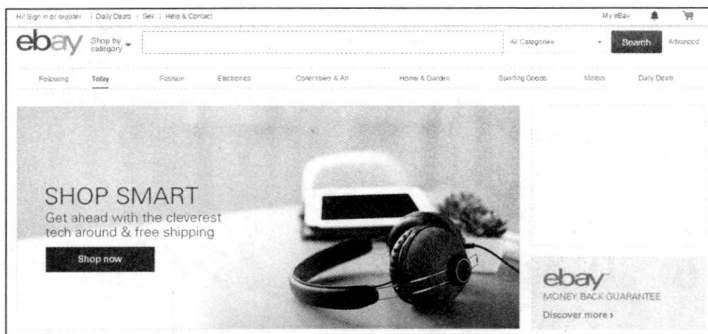

图 2-36　eBay 美国首页

图 2-37　淘宝网 2008 年的首页

图 2-38　淘宝网 2016 年的首页

课堂
讨论

　　分享一下你最近一次在淘宝上购买的商品是什么，并描述你购买这件商品的体验过程。

　　自成立以来，淘宝仅用三年时间就击败 eBay，改变了中国电子商务的格局。从 2003 年成立至今，淘宝搭建的电子商务生态圈成为中国第一大网络购物平台。一开始淘宝是阿里巴巴旗下 C2C 业务（C2C 电子商务模式是一种个人对个人的网上交易行为）的一个交易平台。2008 年 4 月 10 日，阿里巴巴成立淘宝商城，开始发展 B2C 业务（B2C 电子商务模式是一种企业对个人的网上交易行为），2012 年 1 月 11 日上午，淘宝商城正式宣布更名为"天猫"。天猫商城由知名品牌的直营旗舰店和授权专卖店组成，提供 100%品质保证的商品，7 天无理由退货的售后服务，以及购物积分返现等优质服务。现在淘宝电商，淘宝同学、海淘等各种业务都在持续发展和更新。十多年里，淘宝完成了从一种产品、一种服务到一个生态与平台的进化，在淘宝上如何开店和推广已经成为很多高校电子商务专业的必修课。

　　淘宝成为国内电子商务业务最大的平台后，也因为刷单冲信誉、商家卖假货等问题一直存在争议，从某种意义上说，淘宝推出天猫商城也是对售卖假货行为的一种回应。对于商家来说，在淘宝上获取有效流量的成本越来越高，有的商家开始考虑是否要开辟新的流量渠道。在这种情况下，定位 3C 电子商务的京东商城、定位尾货打折的唯品会、定位正品团购的聚美优品、定位母婴商品的贝贝网等电子商务平台也获得了一定的生存空间。

课堂讨论

　　淘宝这样的平台是新媒体要关注的推广平台吗？其是否仅仅是一个购物平台？

2. 微信电商平台：微店

　　随着电子商务的飞速发展，在淘宝开店的成本越来越高，竞争越发激烈，盈利空间日益收窄；而基于 B2C 模式的天猫商城需要高门槛、高投入，垄断情形已经非常普遍。因而，普通人进入电子商务进行创业的机会越来越少。

　　微店具有开通成本低、只需利用碎片时间和个人社交圈就可进行营销推广的优势，是被很多人看好的新兴移动电子商务平台，如图 2-39 所示。

图 2-39　两款微店 App——微店、有赞

移动电子商务呈现社交化口碑传播的趋势，基于微信朋友圈扩散的微店就适应了这个传播通道。每个用户都可以通过移动设备订阅自己喜欢的品牌和商品信息，建立自己多个不同需求的购物清单，这些被用户订阅的品牌，可以根据粉丝的订阅、点赞和购物清单，进行一对一的推荐，真正实现一对一的精准营销。

微店的优势在于发动每个用户，建立属于他们的购物社交，从根本上让零售企业与每个用户建立起长期的亲密关系，微店的出现也必将重新定义实体零售行业在全渠道时代的意义。

淘宝和微店的区别如表 2-9 所示。

表 2-9　淘宝和微店的区别

类型 维度	淘　宝	微　店
模式	一种传统中心化的电商模式	一种去中心化的商业模式
流量特点	依靠平台方进行流量分发，无法进入微信传播	通过微博、微信、QQ、论坛等社交平台进行引流
成本	淘宝开店前期需押金、店铺装修、店铺推广等成本	相对淘宝店前期无须自己投入资金、装修成本较低
用户关系	弱关系	强关系
捆绑资源	微博	微信

实战训练

和大家分享一下：你在哪些网络购物平台上买过商品？他们是微店模式还是淘宝这样的电商平台模式？不同的新媒体要变现，分别要结合哪些不同的购物平台？

// 2.11　支付宝与财付通

1. 支付宝：从支付工具到支付平台

伴随着互联网的不断发展，各大商业银行纷纷推出了网上银行业务。网上银行业务的推广和普及，使得支付网络电子化成为可能。

　　但是在网络环境下，买卖双方都担心钱货两空。如何保证支付的安全性，成为早期中国电子商务发展过程中亟待解决的问题。为此，淘宝网于 2004 年 12 月推出了支付宝业务。

　　支付宝（Alipay）是淘宝网用来解决网络交易安全所设的一个功能，该功能在网络环境下为买卖双方提供第三方担保，以促成电子支付的实现，进而促使交易顺利进行。首先，买家要将货款打到支付宝账户，由支付宝向卖家通知发货；买家确认收到商品后指令支付宝将货款支付给卖家，至此完成一笔网络交易。该模式的推出有效解决了支付过程中的信任危机，很好地兼顾了买卖双方的利益，在一定程度上保证了交易的安全，使得电子商务支付能真正、持久地实现电子化。

课堂讨论

　　　你使用过支付宝付款吗？你第一笔付款买了什么？请思考一下：今天的支付宝是否具备媒体属性？打开支付宝，看看里面有哪些推广活动？

　　目前，支付宝应用在我们生活的方方面面，如用户通过支付宝钱包可以直接在手机上完成充值话费、买电影票、交通违章查询、生活缴费、医院挂号等事项，用户还可以在线下使用支付宝在各种门店进行消费。

　　今天的支付宝已经从服务淘宝的一个工具发展成为一个独立且更具有潜力的平台，不仅可以完成支付业务，还可以成为很多企业进行品牌推广的合作平台。

2. 挑战支付宝的财付通

　　现在人们几乎每天都在使用在线支付，除了支付宝，国内比较主流的两个在线支付工具是银联卡和财付通（Tenpay）。

　　除了从淘宝购物平台发展出来的支付宝，财付通是目前最受用户欢迎的在线支付平台。财付通是腾讯公司于 2005 年 9 月正式推出的专业在线支付平台，早期一直在腾讯的各种游戏软件上使用，后来微信推出后快速带动了财付通的市场应用，如用微信抢红包、滴滴打车、微信转账、QQ 转账等用到的支付平台就是财付通。

　　财付通的核心业务和支付宝一样，即帮助在互联网上进行交易的双方完成支付和收款，致力于为互联网用户和企业提供安全、便捷、专业的在线支付服务。

在线支付市场上，财付通有着自己的独特优势。由于腾讯全部的付费采用了财付通，凭借腾讯产品强大的吸金能力（即时通信和游戏），财付通在在线支付市场占有率也很大。

与支付宝相比，财付通覆盖了大部分腾讯产品的用户，而支付宝覆盖的用户面更广，甚至走出了国门，在全世界拥有大量的用户。

腾讯财付通一开始并不具备支付宝的天然优势，即淘宝网每天都会产生交易，会使用到支付宝。因此，财付通的市场占有率相对落后。但微信红包的出现全面引爆了开通微信支付的财付通用户的数量；滴滴打车的出现，使财付通开始形成了真实的线下高频支付场景，带动了越来越多的微信用户开通了微信支付；而微信服务号微信支付功能的出现，通过企业服务号微店激活了财付通的各种支付场景。

总体来说，在线支付改变了人们支付的习惯，带动了人们的消费，同时也给人们的生活带来了巨大的便利。

实战训练

未来某一天我们也许不再使用现金，而全部使用在线支付工具。请问：
1. 这种可能会出现吗？
2. 说出你的理由，并加以论述。

// 2.12 从装机工具到推广渠道

1. 计算机必备：装机工具

当人们购买一台新计算机或重新安装一个新系统时，打开计算机的第一步往往就是安装"杀毒软件"，其主要用于对计算机漏洞的修复、垃圾的清理、病毒的查杀。除此之外，杀毒软件中人们使用最多的一个工具是"软件管家"——一个装机工具。

装机工具是指一个集软件下载、更新、卸载、优化于一体的工具。人们使用装机工具可方便快速地安装计算机中所必备的每一类软件，如聊天软件、播放软件、办公软件、游戏软件等。目前，市场上比较流行的装机工具有 360 安全卫士中的 360 软件管家、腾讯电脑管家中的软件管理、金山卫士的软件管理、百度卫士的软件管理，如图 2-40 所示。

图 2-40　腾讯电脑管家中的软件管家

为什么这么多人喜欢用装机工具安装软件？因为装机工具上聚集了各种类别的软件，用户只需要在搜索框输入软件的名称即可直接下载，而通过浏览器打开搜索引擎检索软件官网再下载的步骤比较烦琐，人们往往会选择较简单的方式。同时，装机工具中每个软件都有用户评分，人们可在同一分类中根据评分选择喜欢的软件下载。不仅如此，装机工具还具有一键更新、一键卸载、一键优化等功能，用户只需轻松一点即可完成操作。

课堂讨论

你使用过哪一款装机工具？你注意到装机工具有哪些做广告的模式？

2. 装机工具是一种推广渠道

装机工具下载软件本身是免费的，因此它的使用率越来越高，慢慢成为人们计算机里的一个必备工具。以 360 安全卫士为例，目前 360 安全卫士是国内功能强、效果好、受用户欢迎的安全杀毒软件，已有 10 余年历史，用户数超过 5 亿，覆盖了超过 93.9% 的中国 PC 用户。

为了实现盈利，各种装机工具在不断迭代的过程中，形成了在工具平台内植入商业广告的模式。一开始装机工具只在页面上单独开辟一块焦点图位置供企业投放广告，结合工具的特性，通过轮播的焦点图为软件引流提升下载量。后来装机工具逐步开设了推荐购买、推荐下载、推荐安装等专区。

装机工具本身具有用户数量大、用户忠诚度高、各领域品类齐全等特点，所以在装机工具投放广告的方式深受广告主的青睐。广告主可根据自己产品的特性，利用装机工具的大数据技术，通过焦点图或弹窗的形式有针对性地投放广告给自己的目标人群。

通常，看到的广告内容会和软件同时出现，这是一种现在比较主流的模式。有时推送的广告还会和热点结合，如奥运会来了，游戏竞技类软硬件的企业就会借此机会通过投放广告"上位"。此时，装机工具不仅具有工具类的属性，而且还有媒体传播的特性。它既满足了人们下载、安装软件工具的需求，又满足了企业投放广告、传播产品的需求。无形中，装机工具变成了一种推广渠道。特别是 App 类商品，如果没有装机工具的推荐，就很难做到爆款。

实战训练

奥运会期间，你是某射击游戏产品的市场负责人，你现在需要结合奥运会热点，在 360 软件管家上投放一则游戏 App 广告，请问：你会选择哪种投放形式——焦点图、弹窗还是推荐专区？

// 2.13 从网络游戏到虚拟现实

1. 网络游戏

20 世纪 90 年代，传统的单机游戏风靡一时，游戏爱好者在简单的打斗中获得了心理上的满足，但过了一段时间后，单机游戏的模式由于不能满足人们相互交流的愿望以及其内容的简单重复，逐渐失去了对用户的吸引力，游戏爱好者期待着新的游戏模式出现。

1997 年，互联网络开始在中国进入商业运作，网络为人们提供了相互间交流、沟通的平台，犹如"一夜春风"，催生了一种新的游戏运作模式——网络游戏。网络游戏的出现，使得玩家能够实现广泛的沟通、协作与竞争，进而产生一种全新的感受，所以很快就得到了广泛的发展。

网络游戏是以 Internet 为依托，可以多人同时参与的游戏项目。网络游戏有两种存在形式：第一种是必须连接到互联网才能玩，单机状态则不能玩，这种形式下，有的游戏需要下载相关内容或软件到客户端，有的则不需要；第二种则必须在客户端安装游戏软件，此软件使游戏既可以通过互联网同他人联机玩游戏，也可以单机玩游戏。

网络游戏让现实中的人们进入了一个电子虚拟世界，摆脱了原有的身份，摇身一变而成为一个手持长矛的骑士，或者成为一个法术强大的魔法师，又或者成为国王、王子，体会一把黄金贵族的感受。

课堂讨论

你玩过哪些网络游戏？这些游戏有哪些吸引你的地方？一般你在游戏里担当什么角色？你在玩游戏的时候会花钱买装备吗？

互联网产业的发展拉动了网络游戏用户数量的增长，网络游戏正在受到越来越多的游戏用户的青睐。网络游戏之所以如此吸引人，是因为其具有如下特点。

（1）真实性强

以往的游戏只能用户自己一个人参与。随着互联网的发展，众多游戏用户真正有了一个能够相互交流与竞技的地方。用户所面对的不再是那些在计算机控制下的机器人物，而是具备真正人的思维的游戏伙伴。通过网络游戏，人与人之间的较量和结盟成为可能，大大增加了网络游戏的真实性、竞争性、刺激性和团队性。

（2）互动沟通性好

网络游戏还原了游戏的本源——人与人的互动。真人之间的共同参与，使沟通是在人与人之间进行的，这种沟通是相互平等的，用户虽然看不见对方，但能感受到对方的存在，大大增加了游戏过程中的互动沟通性。

网络游戏的发展，不仅带动了计算机硬件厂商、软件厂商、销售及服务商、媒体及出版行业的发展，同时还极大地带动了电信运营商、网络设备供应商、游戏运营商等相关领域的发展。

2. 虚拟现实

科技发展到现在，人们已经不满足于在平面的游戏设备上玩游戏了。为了给用户带来更好的游戏体验，虚拟现实设备应运而生。

曾经，人们惊叹于电影《阿凡达》带给大家的瑰丽世界，宛如仙境的潘多拉星球上不仅有着美丽的生态环境，更是利用虚拟现实技术让人类本体遥控心灵、在虚拟世界中进行交互，而我们坐在 IMAX 影院中也似乎身临其境。这些是好莱坞告诉我们的虚拟现实。然而事实上，类似的虚拟现实技术已经渗入我们的生活中，如倒车雷达、Google Glass 等，如图 2-41 所示。

图 2-41　Google Glass

2014 年 3 月，Facebook 以 20 亿美元的股票和现金形式收购了 Oculus VR 虚拟现实显示设备，通过它，用户可以身临其境地体验游戏世界。虚拟现实头盔，无疑代表了游戏产业未来发展的方向。在这样的趋势下，国内开发 VR 设备的公司也犹如雨后春笋一般出现。

　　虚拟现实（Virtual Reality，VR）是综合利用计算机图形系统和各种现实及控制等接口设备，在计算机上生成的可交互的三维环境中提供沉浸感觉的技术。其中，计算机生成的可交互的三维环境称为虚拟环境。而虚拟现实技术是一种可以创建和体验虚拟世界的计算机仿真系统。它利用计算机生成一种模拟环境，是一种多源信息融合的交互式三维动态视景和实体行为的系统仿真，使用户沉浸在该环境中，如图 2-42 所示。

图 2-42　PlayStation VR

　　在这些 VR 设备中，沉浸感很重要。虚拟现实的沉浸感是什么样的体验呢？即视觉、听觉、体感，全身心地感受另外一个世界的体验。人们通过一个全景头盔，用自己的眼睛去看待那个或者高科技爆棚、充满了各种光影的世界，或者是欧罗巴文艺气息浓厚的奇幻古堡，又或者是一望无垠的太空宇宙。当 VR 游戏和体感设备结合在一起，就有可能创造出全新的体验，这种体验一旦在游戏中得到普及，就会逐步让很多人意识到可以将其引入到工作和生活中，从而为人类交互创造全新的可能。

课堂讨论

　　你体验过虚拟现实设备吗？有没有体验过虚拟现实的游戏？你认为未来在虚拟现实环境里面有没有创造全新媒体互动的可能？

Facebook 对 Oculus 的收购点燃了 VR 领域的战火。收购 Oculus 后，Facebook 的 CEO 扎克伯格在公开信中写道：这是一个新的交流平台，因为极度真实的体验感，你可以跟身边的人分享无尽的空间和真情实感。鉴于这些广泛的潜在应用，VR 技术有机会成为下一代社交和通信平台。

从此，VR 领域就越来越火。2016 年被称为"VR 元年"，除了主流的索尼 PS VR、Oculus Rift、HTC vive 等已确定面世的 VR 设备外，各大科技公司也在积极布局 VR 产业，如图 2-43 所示。

公司	主要产品	应用场景	事件
Facebook	Oculus VR	头戴设备	以 20 亿美元收购 Oculus
谷歌	Magic Leap	虚拟成像	投资 5.42 亿美元
三星	Gear VR	移动端头戴设备	与 Oculus VR 合作推出
英特尔	Avegant	头戴设备	领投 Avegant
微软	Xbox One	虚拟眼镜	从 ODG 收购专利技术
索尼	Project Morpheus	游戏主机头戴设备	兼容 PlayStation4
HTC	HTC Vive	头戴式设备	与游戏公司 Valve 合作推出
LG	VR for G3	移动端头戴设备	买 G3 手机附送 VR 眼镜

图 2-43 各科技公司布局 VR 产业

从 2015 年中旬开始，VR 生态链上诞生的创业公司已经超过了数百家。而根据科技咨询公司 Digi-Capital 发布的一份报告，2016 年头两个月，VR 和 AR 吸引的相关投资总金额已经超过了 11 亿美元。

虚拟现实的产业链主要包括三个部分，即上游的零部件供应、中游的 VR 整机产品和下游的内容和应用。目前，中国企业在 VR 领域主要集中于中游的 HDM 生产制造方面，最出名的当属暴风科技旗下参股子公司暴风魔镜。暴风魔镜主营虚拟现实业务的开发和研究，目前已推出国内第一款头戴式显示器设备，暴风魔镜第二代支持 100 多款安卓手机机型。2016 年以来，互联网行业如阿里巴巴、腾讯、小米、360、锤子等纷纷选择布局智能硬件战略。

3．VR 技术的用途

现在所看到的是 VR 市场大面积被游戏厂商掌握，人们看到 VR 这两个字母的第一反应是游戏或者视频。

下面来看看 VR 除了在游戏和影视方面的应用以外，还可以用在哪些方面？

（1）视频网站

在计算机上看演唱会实录根本就体会不到现场的火爆，演唱会的最大魅力就在于现场的氛围，所以有了VR，用户就可以身临其境地感受演唱会的气氛了。

（2）教育

利用VR教学，各种难以描述的历史背景、化学实验、物理原理都能很简单地呈现出来，使知识更加通俗易懂。不同于目前在线教育较为枯燥的授课方式，虚拟现实带给用户的将会是更浸入式的体验，授课对象不再是冰冷的机器，而是真实的人。课本提到的环境也可借VR技术深入体验，如看到荷塘月色、触摸到长城等。

（3）医疗

利用VR治疗环境焦虑、康复治疗等，对于在精神方面有疾病的患者会有较大作用。通过构建虚拟的人体模型和手术方案，能改进现有的医学教学模式，提升患者对病情及手术过程的认知。

以上是较为常见的几个方面，事实上VR能够运用到更多的地方，包括我们日常生活中的购物、信息传播等很多领域，提前了解和关注这个领域的发展，将有助于我们了解未来的发展趋势。

// 2.14 从自媒体到社群

1. 自媒体

自媒体如今已经是风靡一时，成为互联网产业中不可或缺的内容生产者。关于自媒体的概念，很早就有了定义。

美国新闻学会媒体中心于2003年7月出版了由谢因·波曼与克里斯·威理斯两位联合提出的"We Media（自媒体）"研究报告，里面对"We Media"下了一个十分严谨的定义："We Media是普通大众经由数字科技强化与全球知识体系相连之后，一种开始理解普通大众如何提供与分享他们本身的事实、他们本身新闻的途径。"

新媒体出现后，媒体逐渐从一个高门槛的专业机构操作变成越来越多的普通用户自己可以发布信息、传播信息的工具。从论坛、社区到博客，再到现在的微博、微信公众平台，以及现在很火的视频和直播，媒体变得越来越个性化、个人化，每个人发言的自由空间越来越大。只要个人用博客、微博、微信、视频、直播、社区等互联网平台向不特定的大多数或特定个体传递关于自己信息的新媒体，都可能被人看作是自媒体。自媒体的发展历程如表 2-10 所示。

表 2-10 自媒体的发展历程

时期 维度	第一阶段：史前期	第二阶段：萌芽期	第三阶段：起飞期	第四阶段：繁荣期
阶段时间	2000～2010 年	2011～2014 年	2014～2015 年	2015 年至今
代表平台	博客	微博、微信等社交媒体	社交媒体、新闻客户端	社交媒体、新闻客户端、视频、直播平台
最主要特征	专业的作者在博客上发表原创性内容，内容以科技、文化、社会评论为主，但商业化尚不普遍	微博、微信等社交媒体的出现为新闻信息的传播提供了载体，自媒体逐渐成为信息传播的主要途径	微信、微博、新闻门户，官方主动扶持、引导自媒体自主原创内容发展，成熟自媒体依靠流量获取盈利	主流媒体平台陆续推出自媒体扶持战略，同时，成熟的自媒体获得了投资
代表人物	月光、洪波	五岳散人	同道大叔、回忆专用小马甲	罗辑思维、papi 酱
关键信息数量	截至 2009 年 6 月底，博客用户已达 1.81 亿，博客空间用户超过 3 亿	微信公众号总数已超过 1 000 万，57% 的人表示微信为获取新闻的第一社交平台	微信开始传递再小的个体都有自己的品牌的概念，并不断开通原创、赞赏等功能，为自媒体开路	papi 酱获得罗辑思维的 1 200 万元投资

课堂
讨论

　　你关注过哪些自媒体？这些自媒体有哪些吸引你的地方？说说你对自媒体的理解。

2. 社群

　　早在 1987 年，就有社会学者提出社群的定义：可被解释为地区性的社区，用来表示一个有相互关系的网络，是一种特殊的社会关系，包含社群精神或社群情感。然而，这个定义并不适合我们现在所讲的互联网"社群"。

你认为以下哪些是社群？在你认为是社群的选项后打钩，如表 2-11
所示。

表 2-11　哪些群是社群

一个班级微信群	
一批社团 QQ 群	
一个家庭微信群	
一群喜欢玩篮球的兄弟群	

表 2-11 中的群都不属于社群。社群并不是说我们现在有了 15 个喜欢打
篮球的人，建一个群并把大家拉进来就是一个社群了，这只能说是一个群，
而称不上为一个社群。

一个真正的社群必须包含同好（Interest）、结构（Structure）、输出
（Output）、运营（Operate）、复制（Copy）五个要素。

（1）构成社群的第一要素——同好，它决定了社群的成立基础。"同好"
是对某种事物的共同认可或行为，如图 2-44 所示。其可以基于某一个产品，
如苹果手机、锤子手机、小米手机。

图 2-44　社群第一要素——同好

（2）构成社群的第二要素——结构，它决定了社群的存活，如图 2-45所示。这需要对社群的结构进行有效的规划，结构包括组成成员、交流平台、加入原则、管理规范。

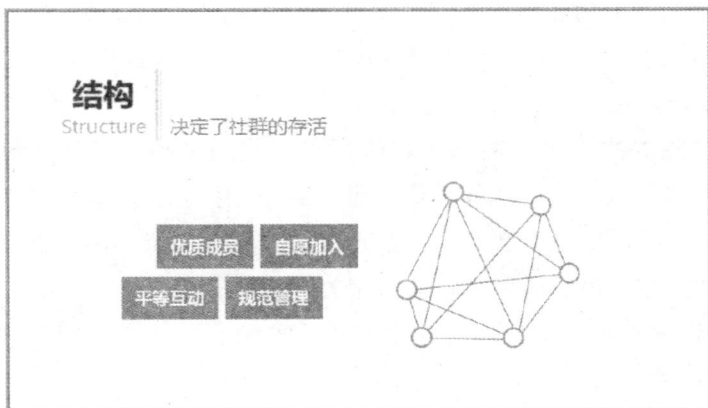

图 2-45　社群第二要素——结构

（3）构成社群的第三要素——输出，它决定了社群的价值。社群有了同好和结构也不一定能保持社群的生命，还需要不断输出优质内容。优质内容的产生可能来源于社群主，也可能来源于群成员。社群需要为群员提供稳定的服务输出，群员只有获得输出价值，才愿意长期留在社群里。

（4）构成社群的第四要素——运营，它决定了社群的寿命。这需要通过运营建设"四感"，即仪式感、参与感、组织感和归属感。

（5）构成社群的第五要素——复制，它决定了社群的规模。在复制多个平行社群前，经营者需要构建好自组织，组建好核心群，形成社群的亚文化。

课堂
讨论

　　分小组讨论，说说你知道哪些社群，分析这些社群在五个要素的哪一个上做得更好。

运营得好的互联网社群不再是低紧密度的弱关系社交，而越来越多从线上走入线下互动交流，社群成员熟悉度高、联系度高，并且会有相同的目标取向，对群内的观点与讨论均有能力参加。通过网络虚拟协作，社群反而可以创造更大的工作可能性。

3. 社群热兴起缘由

2015年以来，随着各大社交媒体及网络平台的崛起，自媒体也得到了繁荣发展。然而经过近一两年来的爆发式增长后，自媒体的发展却陷入了瓶颈，这表现在粉丝越来越多，但文章阅读量却在下滑。

因此一些寻找未来出路的自媒体开始尝试通过各种手段把粉丝吸引到微信群，然后希望通过持续社群运营带来商业回报。

一个经营得好的社群会给所有的群成员带来正效益。不仅是自媒体，任何尝试成功运营社群的企业，都可以通过社群变现。

（1）依靠专业的优质内容输出形成社群圈层，并建立中心化的信任关系，依靠专业度建立信任感。

（2）依靠社交平台沉淀社群关系，确保和积极群员高频互动。

（3）提供和受众人群属性匹配度高的商品和服务实现流量变现，提供的商品和服务要和受众的兴趣、关注点及人群属性有较高的匹配度。

如今，社群和社群经济已得到广泛认可，而自带粉丝光环的自媒体天生就具有社群化的优势。因此，自媒体人应主动抓住机遇，将自媒体升级为社群媒体，获得持续的内容生产和变现能力。

实战训练

利用课余时间了解一个社群，并试着写出这个社群的五大要素相对应的内容，如表2-12所示。

表2-12 社群的五大要素对应内容

五大要素	对应内容
同好	
结构	
输出	
运营	
复制	

// 2.15 从 App 到小程序

1. App

App（Application）一般指手机软件。为了弥补手机原始系统的不足，使手机应用更具个性化，用户往往会在手机里安装十几个甚至几十个 App。特别是随着智能手机的发展，以往需要用计算机才能完成的网络购物、金融理财、浏览资讯等操作，都可以通过手机 App 完成。据统计，每个移动用户手机中平均装有 40 个 App。

课堂讨论

你的手机里是否安装了以下类别的App？请将App名称填入表2-13中。

表 2-13　个人手机 App 盘点

类　　别	App 名称
聊天	
购物	
理财	
新闻	
娱乐	
学习	
办公	

不过，现阶段手机 App 的发展遇到了两个较大的瓶颈。

第一，好用的 App 往往占用极大的存储空间。当太多 App 占满用户的手机内存时，用户手机就容易出现运行速度变慢的情况，部分用户甚至需要卸载不常用的 App 才能有空间安装其他 App。

第二，好用的 App 意味着更大的开发成本。企业需要聘用专业的软件工程师、UI 设计师才能完成 App 的持续优化工作，因此 App 高额的开发及维护成本令企业不堪重负。

2．微信小程序

2017 年 1 月 9 日，微信小程序正式上线。微信创始人张小龙的描述是："小程序是一种不需要下载、安装即可使用的应用，它实现了触手可及的梦想，用户扫一扫或者搜一下就能打开应用，也实现了用完即走的理念，用户不用安装太多应用，应用随处可用，但又无须安装卸载。"例如，当用户需要查询最新天气情况时，无须下载任何软件，在微信搜索"墨迹天气"并进入小程序，即可直接查看，如图 2-46 所示。

图 2-46　微信小程序"墨迹天气"

微信小程序与传统的 App 在运行环境、使用体验等方面有很大的不同，如表 2-14 所示。

表 2-14　微信小程序与传统 App 比较

产品形态	微信小程序	传统 App
运行环境	微信内部	操作系统内
主要功能	为用户提供服务	为用户提供服务
使用体验	接近原生 App，但局限于微信开放的入口及释放的能力	App 可以实现完整的功能
开发成本	低	高

产品形态	微信小程序	传统 App
推广入口	线下小程序码、微信"发现"、附近小程序、公众号关联等	应用市场、手机厂商、浏览器等
获客成本	可通过小程序码、微信文章等多个入口传播,借助微信流量,推广成本低	需要引导用户下载注册,推广难度大,获取用户成本高
留存	可添加到桌面,标注为星标程序	用户使用频率与内存的斗争

由表 2-14 不难发现,微信小程序大大缓解了 App 遇到的瓶颈:一方面,用户无须安装多余的软件,有需求时直接打开对应的小程序即可,省时省力;另一方面,微信小程序的固定成本(主要包括认证、域名、服务器等)低、开发团队人数可控、开发周期短且拉新步骤简单,因此受到大量企业的青睐。

3. 微信小程序的营销价值

微信小程序通常不会作为一种独立的营销方式出现,其价值多在于:辅助其他新媒体营销方式,提高其用户体验或转化效率。

（1）提高文章转化效果

在微信小程序诞生之前,如果打算通过微信公众号文章引导读者下单,需要在文章里添加一个二维码,或将下单链接置于"阅读原文"处。不过,微信公众号文章的整体转化效果会由于二维码略显突兀、"阅读原文"不太明显而受影响。

而微信小程序可以通过图片或卡片等方式嵌入文章,一方面整体设计较美观,保证了阅读体验;另一方面读者点击即可直接购买,文章转化效果大大提高,如图 2-47 所示。

（2）提升社群用户体验

社群营销必须重视日常的运营工作,否则社群会失去活力,逐渐变为"死群"。而做好日常运营,就要求社群运营人员按照既定的社群规划,组织群员参与每日打卡、定期分享等活动。微信小程序可以作为社群的运营工具之一,辅助社群运营人员完成日常运营工作。

例如,传统的社群打卡需要由群友将图片或文字发至群内,随后由社群运营人员进行手动统计;而借助微信小程序"鲸打卡",用户可以直接点击进入小程序完成打卡,且系统自动完成打卡统计,大大提高了社群运营效率,如图 2-48 所示。

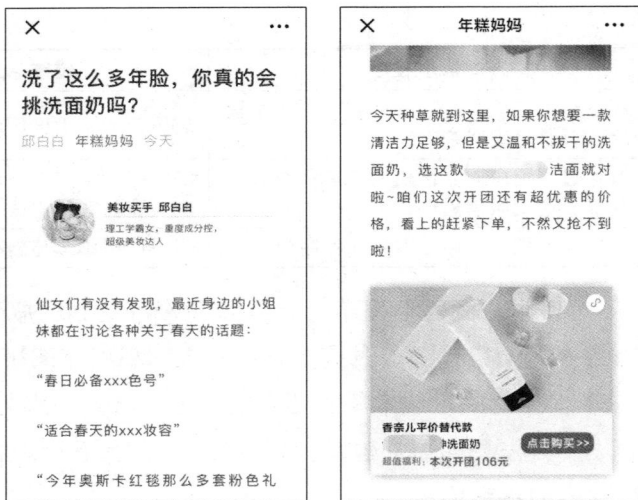

图 2-47　微信文章内嵌入小程序

图 2-48　微信小程序"鲸打卡"

（3）降低内容设计门槛

新媒体营销工作离不开图片，但并不是每个新媒体营销从业人员都具有设计功底。微信小程序的出现，降低了图片设计的难度，营销从业人员可以直接在小程序内搜索"海报""九宫格""长图"等关键词，快速进入小程序并完成设计工作。

例如，营销从业人员进入小程序"Vgo 微海报"，可以直接选择合适的模板，随后双击更换海报文字或图片，最后直接将设计好的海报下载到手机，如图 2-49 所示。

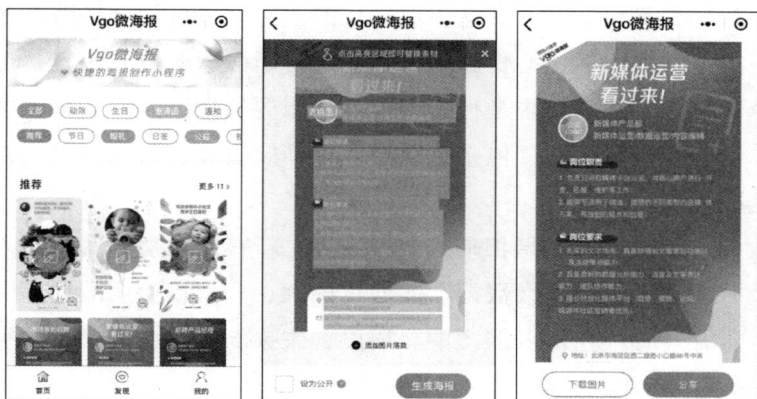

图 2-49　微信小程序"Vgo 微海报"

实战训练

请打开微信并搜索"创客贴"小程序，用这款小程序做一张手机海报。

// 2.16　大数据下的新媒体

1. 大数据与新媒体的关系

马云曾在淘宝十周年晚会的演讲中说过："我们很多人还没搞清楚什么是 PC 互联网，移动互联网来了；我们在没搞清楚移动互联网的时候，大数据时代又来了。"大数据早已无声无息地融入我们生活的方方面面。

每个时代的媒介都因为技术的发展而呈现出不同的传播特点。新媒体就是一种建立在数字技术和网络技术上的"互动式数字化复合媒体"，包括微博、微信、直播、电子杂志、移动数字电视等相对于报纸、杂志、广播、电视等传统意义上的媒体以外的新兴媒体。作为技术不断更新的产物，新媒体以其形式丰富、互动性强、渠道广泛、覆盖率高、精准到达、性价比高、推广方便等特点在现代传媒产业中占据越来越重要的位置，从而积累了大量用户和用户行为数据，这就成为做用户分析的大数据的基础。

"大数据"不只是一个概念，数据目前已变为十分重要的资源和资料。大数据已成为新媒体的核心资源——不仅是新闻报道的重要内容，也是媒体统计和分析受众心理、需求及行为习惯等的重要依据。分析、解读数据，探索得出一种为受众和用户提供个性化服务的新媒体运营方式，将成为新媒体在大数据时代竞争的趋势。

大数据与新媒体之间是相辅相成的关系。新媒体的功能属性可对社会进行解读及分析预判；而"大数据"能通过挖掘、分析和使用数据，得到全面的社会信息并对其产生深刻的了解。所以，未来新媒体将形成"数据为王"的观念。

2．大数据给新媒体带来的新变化

（1）大数据下的新媒体传播中心更广阔

相对于传统的媒体传播来说，新媒体有去中心化的趋势，在大数据的背景下，这种趋势得以放大。正是因为大数据技术的支持，各种终端、平台才会层出不穷，使用户在意见的表达和信息的发布中开始占据一席之地，使得新媒体传播中心更广阔。

（2）大数据云计算推动新媒体的发展

云计算作为一种新兴的技术，以其十分强大的计算能力、近乎无限的存储能力以及低廉的成本，对提升、优化大数据、大信息的处理有着巨大的作用。

从新媒体的业务发展来看，它有这样一些需求或者是特点：新媒体的数据存储量庞大，数据信息处理量巨大，终端多样化，要求数据格式比较多样化，数据共享额外存储的需求非常大。这些特征正是云计算的特长，云计算在系统处理数据的投资成本和性能弹性扩展等方面具备优势，云计算能处理海量的数据，能更加方便地对业务系统进行升级、扩展等管理，而且还能够对数据冗余进行处理，能够按照需要进行资源的分配，协同管理应用平台等，可以为新媒体发展提供稳定而高效的保障，如图 2-50 所示。

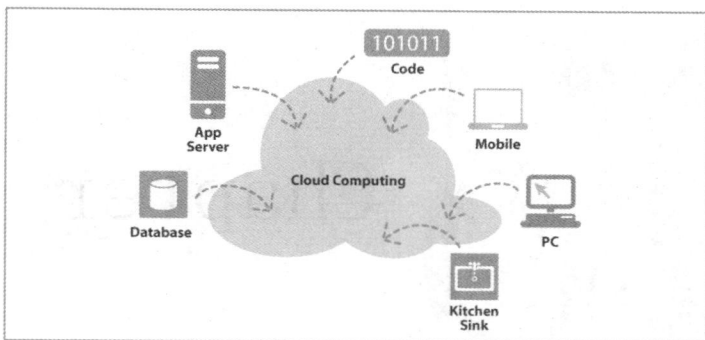

图 2-50　云计算示意图

　　总之，大数据在信息传播中是如此重要，以至于新媒体终端及其承载的内容是以"数据"为基础的：终端的创新是为了更好地处理数据，并呈现给用户更人性化的人机交互界面、平台；内容的改进实质上就是数据的优化组合，呈现给受众或丰富详尽或言简意赅的信息，或大众的或个性的服务。因此，大数据时代，新媒体的发展将对未来的媒体生态和发展格局产生深远影响。

实战训练

　　回想一下，日常生活中，你见过哪些领先领域利用了大数据，分析这些大数据的特点有哪些？

本章小结

　　1．各类型的新媒体随着互联网的迅速发展，演变成了更加适应移动互联网下用户的阅读习惯、展示方式。

　　2．随着技术的不断发展，不同的新媒体类型的传播特点产生了巨大的变化，传播特点直接影响着企业投放什么类型的产品广告。

　　3．策划好一个商品营销的前提，是需要全面了解各新媒体的目标受众人群特点，并深入洞察。

　　4．新媒体的现状及其未来发展趋势，决定着企业将选择哪一类媒体作为主要传播阵地。

03 Chapter

新媒体广告投放载体

通过阅读本章内容，你将学到：
- 新媒体广告的投放载体类型
- 新媒体广告投放载体的主要特征
- 新媒体广告在投放载体上的主要形式及投放策略
- 新媒体广告投放载体的未来发展趋势

// 3.1 新媒体广告综述

在科学技术不断发展的情况下，数字化的信息技术不断更新，使手机与互联网技术开始成为社会生活与工作中必不可少的信息传播工具。广告产业作为主要以媒体为依托的一种产业形式，其发展是与媒体传播息息相关的。在新媒体时代背景下，广告传播的载体发生了巨大的变化。

本章就是要让大家对新媒体广告载体有一个全景式认知，为今后进入新媒体运营工作打好基础。传统媒体时代，广告传播主要依赖报纸、期刊、广播、电视、出版和电影。频道、频率、版面等媒体资源价值就是广告的定价依据，媒体覆盖的广度就是广告资源质量和广告传播效果的评价标准。广告主每年都可以提前预算年度投放的广告支出，广告效果在一定程度上也是有预期、可量化的。

但到了新媒体时代，广告的玩法发生了变化。新媒体的不断涌现为广告主提供了直接向受众和消费者传播信息的新的传播渠道，社交化传播效应又可以让新媒体广告效应得以倍增。数字化的新媒体技术为广告内容的表现提供了更为丰富的方式，互联网网站平台、移动互联网平台、社交媒体新平台、户外广告平台等媒介平台形式层出不穷。

不管是哪种新媒体平台，企业投放新媒体广告的流程一般如下。

第一步：确认投放新媒体广告的目的。

第二步：结合企业的定位以及调性，分析企业受众人群，选择与之匹配的广告载体。

第三步：确定创意及新媒体广告的展现形式。

第四步：获取广告投放入口，联系洽谈并投放。

第五步：每天分析广告投入数据，实时进行广告策略优化调整。

在大数据的支持下，新媒体广告主可通过分析用户属性、手机机型、所在地域、地理位置、关注领域、兴趣爱好等，并在此基础上进行分众化、精准化的广告投放，这将大大提升广告的精准度。

新媒体广告投放的主要付费模式有三种。

（1）CPM

千人曝光（Cost Per Mille，CPM）指广告投放过程中听到或者看到某广告的每千人平均分担的广告成本。传统媒介多采用这种计价方式。在网上广告，CPM 通常理解为一个人的眼睛（耳朵）在一段固定的时间内注视一个广告的次数。

（2）CPC

点击量（Cost Per Click，CPC）指网络广告发生点击才产生费用，如搜索引擎关键词广告，展示是不收费的，点击才收费。网络广告媒体很多采用这种定价模式。

（3）CPA

转化效果（Cost Per Action，CPA）指按照行为作为指标来计费，这个行为可以是注册、咨询、放入购物车等。广告公司和媒体公司常用 CPA、CPC、CPM 一起来衡量广告价格。

从 PC 到移动互联网，新媒体广告一直在追求精准营销的价值，如何帮助广告主将每一分钱投入吸引最应该到达的人群上，降低无效传播的损失，这对媒体平台来说既充满挑战，又蕴藏着巨大的机会。

实战训练

你认为新媒体广告是否比传统报纸、广播、电视、杂志等广告精准？你做出论断的依据是什么？你能否举一个案例加以说明？

// 3.2 新媒体广告在载体平台上的投放策略

随着企业投放新媒体类型选择的空间越来越大、投放自由度越来越高，确定合理的投放策略也成为企业投放新媒体广告的重要运营内容。

企业在选择投放的新媒体之前，需要对新媒体广告类型和目标消费者的关联性进行多指标分析，在综合考虑媒体的定位、受众结构、知名度、权威性、美誉度等指标后再选择合适的投放媒体。

为了实现更好的广告效果，企业还要考虑是否先对现有的产品、业务进行相应的扩展和调整，以适应新媒体的传播和购买特点；同时也要梳理公司的广告投放策略、营销方式，从而在海量信息中精准抓住受众阅读偏好，达到传播目的。

1. 新媒体时代广告的新特点

为了适应新媒体时代的变化，企业需要了解新媒体时代广告的新特点。

（1）互动性

传统广告传播方式的特点是由广告信息传播者向广告受众的单向传播，如报纸广告。报纸作为印刷媒体，从开始向人们传播信息之日起就是这种传播方式，这主要是由广告传播的载体所决定的。而广播广告和电视广告的受众在接受广告信息之后也很少有机会参与到信息的处理当中。传统广告的受众听到和看到的信息都是传播者精心安排好的内容，在这种状态下，广告受众很难与广告传播者形成互动。

而新媒体打破了传统媒体的单向传播模式。在新媒体时代，手机媒体与互联网媒体成了媒体传播的主要模式。广告受众可以通过点赞、评论与广告发布者深入互动，也可以通过分享观点、截屏页面、弹幕"吐槽"等行为和微信、微博等社交传播媒体进行朋友圈或社交圈传播，带动更多人与新媒体广告发布者进行良性互动。

课堂
讨论

你认为一次性茶包是适合新媒体投放的产品对象吗？试着搜索一下，看看能否找到让你感觉更适合新媒体传播的茶包产品。

（2）多样化

新媒体广告的表现方式越来越多样化，可以将文字、声音、动画、超链接等结合起来，以丰富的表现带给受众多感官的刺激。

新媒体广告的受众层次也越来越多样化。广告企业在对广告进行设计与制作时也不再只以大众群体的喜好为依据，还会兼顾小众群体的品位、特点，使广告信息的传播更加有效和精准。

新媒体广告的传播渠道也呈现多样化特点。新媒体本身就是多种媒体形式的总称。仅视频类型，就有网络视频、网络电视、公交移动电视、楼宇电视、视频直播等多种多样的传播渠道，广告主要考虑整合适合的广告媒体来定位受众。

（3）海量化

受传统传播媒介的限制，传统广告信息传播的内容、版面、时间和时段都是有限的，但数字媒体上的广告突破了时间和空间的限制，也突破了具体形式的限制，不同的新媒体广告类型之间的差异不再明晰可辨。

2．新媒体时代广告传播的新特点

企业还需要了解新媒体时代广告传播的新特点。

（1）精准定位

1971年，大卫·奥格威在《纽约时报》（New York Times）刊登广告，列出了创造"有销售力广告"的38种方法。排在首位的是他所说的"最为重要的决定"——"广告运动的效果更多地取决于对产品的定位，而不是怎样去写广告。"这个道理同样适用于新媒体时代的广告传播：无论媒体环境怎样改变，技术发展怎样快速，对广告受众的细分和准确定位依然是广告传播的精髓。

针对受众的移动性、多层级、个性化的新生活形态，广告传播要能结合新媒体高传输速度、互动性、个性化、定制化服务等优势，将受众的特性与产品、品牌更好地匹配起来，针对不同特征的人群和其不同的生活轨迹，让广告主精确地找到想要的目标受众，充分降低传播成本。

户外广告的发布要覆盖消费者的全生活场景，形成完整覆盖链条。例如，走出家门时的电梯平面广告，上班路上的公车、候车亭和户外LED广告，办公室电梯口的液晶电视广告，办公室内的互联网广告，晚上光顾的休闲娱乐场所的液晶电视广告，卖场、超市的液晶电视广告，出差途中的机场广告等（见图3-1、图3-2），都应该纳入投放的考虑范围。

图 3-1 今日头条户外公交广告

图 3-2 今日头条户外地铁广告

（2）内容为王

广告内容化趋势是新媒体新生态环境的一个重要特点。在新媒体平台上，广告企业对广告信息传播的控制力不断变弱，基本上依靠广告自身的趣味性来进行传播。因此，广告传播者必须改变传统的广告创意策略，通过创意将广告融入媒体，使广告看起来就像是媒体资讯或娱乐内容的一部分，让受众在愉快的体验中自发传播，带动品牌的传播和产品的销售。

当广告融入媒体、成为媒体内容的有机构成部分后，广告就不再是不受欢迎的植入，而是观众需要和感兴趣的资讯和娱乐，这时的观众将不是在观看广告，而是在亲身体验广告。

　　你最近一次印象深刻的新媒体广告是什么？请将其分享给同学们，说说这个广告吸引你分享的理由。

　　（3）整合传播

　　广告主在投放广告时，通常会采用多样化的传播渠道，拓宽与消费者双向沟通的路径，传递统一的产品信息，树立稳定的品牌形象，最大化地提升消费者体验，实现广告信息的有效传递。

　　所以从广告投放的角度来看，应注重多种传播方式的整合。例如，新媒体广告和传统广告各有千秋，优点与缺点并存。对它们加以组合运用，可以扬长避短，优势互补，从而达到更好的广告效果。

　　未来整合营销、大数据营销将成为主要的广告投放方式。如何抓住社交网站、微博、视频网站、微信、App 等近年来兴起的数字接触点，通过新的营销方式将其整合进广告投放的全媒体战略之中，是营销推广策划的重点内容之一。

　　在你印象中，有没有被传统媒体广告吸引并关注企业新媒体账户的经历？请将其分享给同学们，说说这个广告吸引你分享的理由。

// 3.3 网站平台

　　网站平台包括门户网站、各品类行业网站、地方性本地网站、与品牌相关联的网站等。但由于企业之间的品牌、产品和服务会有所不同，因此企业投放新媒体广告时，会根据自己的品牌所在的行业进行有针对性的投放，以达到新媒体广告投放的最大效应。

　　例如，一个房地产公司需要在网站平台上投放新媒体广告，则其选择对象就包括门户网站的房产频道、房地产专业网络平台、本城市的网站平台、旅游汽车理财等与之相关联的网站平台。

网站平台新媒体广告的主要形式有横幅 Banner 广告、焦点图广告、对联广告、漂浮广告、文字链接广告、弹窗广告、拉链广告、导航广告、视频广告等，如图 3-3、图 3-4 所示。

图 3-3　门户网站房产频道——新浪乐居首页新媒体广告图

图 3-4　房地产专业网络平台——安居客

网站平台投放新媒体广告的特点可以概括为：受众人群范围广，包含各个层次的人群；有利于提升品牌在全国或本地的知名度；有利于拓展全国或本地市场并吸引大量的零售客户；首页推广费用高。

你会点击网页哪个位置的广告？你为什么会点击它？你是主动点击、误操作点击，还是被强制性甚至是欺骗性诱导点击的？说说你认为网站哪个位置的广告最值钱，并说出你的理由。

在选择网站投放广告的时候，首先考虑的是网站人气。对很多网站，可以通过百度等搜索引擎去搜索相关的热门关键词，如果找到该网站的关键词越多且信息排名越靠前，那就证明该门户网站的人气越旺。其次需要考虑的就是该网站的定位是否与企业定位一致、该网站入驻的品牌企业是否够多等。网站平台人气主要集中在首页及各主流频道上，因此在进行广告投放时，一定要理性分析其广告位置的人气与性价比，确定最适合的广告位置和广告展示形式及内容。最后可通过网站平台的网站导航、商务合作等方式找到投放广告的入口，并了解各网站各广告位置的价位及展现形式。

分享一个你觉得非常有冲击力的网站广告案例，给大家介绍一下它好在哪里。

// 3.4 移动新闻客户端

40 年前，人们通过报纸了解天下事；30 年前，人们通过电视了解天下事；20 年前，人们开始用计算机了解天下事；今天，随着智能终端的普及，人们习惯通过手机新闻推送了解天下事。手机新闻客户端满足了大众利用碎片化时间的需求，而且可以随时随地实时到达，很快就培养了人们新的阅读习惯。

据艾媒咨询的数据显示：2017 年，中国手机新闻客户端用户规模达 6.6 亿，腾讯新闻、今日头条分别以 41.0%、34.8%的占比领跑新闻客户端活跃用户数量。新闻客户端的大用户量和活跃度吸引了越来越多企业主的关注，成为移动广告的重要投放阵地。

目前，市场上比较主流、用户量又比较大的手机新闻客户端分为两种类别。

（1）精准定制类

根据每个人的阅读习惯定向推荐内容，包括今日头条、一点资讯、天天快报。

（2）常规新闻类

按照频道划分内容，包括腾讯新闻、网易新闻、搜狐新闻、新浪新闻、凤凰新闻、澎湃新闻。图 3-5 所示为四大主流新闻客户端。

图 3-5　四大主流新闻客户端

课堂讨论

说说你平时使用最多的新闻客户端是哪一个，并说明为什么喜欢使用它。它与其他新闻客户端相比，吸引你的地方在哪里？

PC 端由于屏幕较大，网站上方、左右等各处都可以成为新闻平台广告的发布地，而在移动端，这种广告投放方式显然行不通。手机屏幕没有计算机那么大，广告位不像 PC 端那样想开就开，而且移动端需要兼顾用户体验，既不能让用户扒开广告找新闻，也不能用户一点开广告就让页面跳出后很难返回。所以，新闻客户端根据用户的阅读习惯设定了不同的广告展现形式。

新闻客户端一般采取以下广告展现形式：开屏广告、信息流广告图、内容详情页广告（包括广告图、文字链、下载广告）。这三大形式一般均按点击量或千人展示计费，定向精准，且可区分 iOS 与安卓系统。

（1）开屏广告

开屏广告即用户打开新闻客户端时会出现的几秒钟广告，这种广告的优势在于品牌效应强，缺点在于广告费用高。

（2）信息流广告

信息流广告即用户在阅读新闻时在新闻页中看到的广告，这种广告主要以图文、图片形式展现，看起来就好像是一篇推送的文章。

（3）内容详情页广告

内容详情页广告出现在文章末尾，主要以文字链、图片、下载广告形式展示。

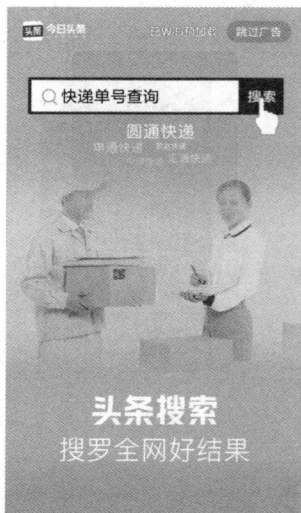

新闻客户端以大数据挖掘为基础，广告投放朝着"精准"方向推进。除了传统的可以按照地域、时间、手机类型进行投放外，还可以依据用户阅读偏好进行更精准的广告推送。如今日头条就致力于以定制、精准为导向的新闻客户端，每个人上今日头条看到的新闻都不会完全一样，系统根据用户的阅读兴趣定向推送，以近似内容资讯的方式，友好精准地传递品牌信息。

以今日头条为例，介绍移动新闻客户端的广告投放展现形式，如图3-6～图3-8所示。

图 3-6　今日头条开屏广告

图 3-7　今日头条信息流广告

图 3-8　今日头条详情页广告图、详情页文字链

通过移动新闻客户端的载体投放新媒体广告的特点主要有：客户端用户量大、广告曝光度大；融入阅读、无缝植入；智能推送，高效到达。

实战训练

对比一下腾讯新闻和今日头条新闻客户端，分析一下两者的运营模式的区别在哪里、广告设置的区别在哪里。

// 3.5　社交媒体平台

目前，带社交属性的媒体平台有微信、微博、QQ、Facebook、Twitter、Instagram 等。而我们所说的社交媒体广告是指以企业、媒体或个人为发布者，以产品、文字、图片、语音或视频的形式，通过社交媒体发布的传播信息。

近年来，随着移动社交网络逐渐成熟，消费者在社交媒体平台上花费的时间越来越多，企业主纷纷将目光投向了社交媒体平台，社交媒体广告产业呈现爆发式增长。

据官方数据显示，2018 年 Facebook 的月活跃用户数量达到 23.2 亿，第四季度财报显示 Facebook 广告收入总额达 169.14 亿美元；Twitter 的月平均活跃用户达到 3.21 亿，第四季度财报显示 Twitter 广告收入总额达 9.09 亿美元，可见广告给社交媒体带来了前所未有的商机。在国内，以微博、微信为代表的社交媒体也已经成为网民的标配应用。

如何利用社交媒体进行社会化营销和广告投放已经成了每一个品牌所需要关注和思考的问题。在社交时代，品牌已经不再是品牌主单方面向消费者灌输的概念，而是由消费者的深度参与互动而与品牌主"共创"出来的。消费者在从需求产生、信息收集、购买、使用、评价等各个消费环节上，表现出对社交互动越来越强的依赖性，消费者在互动过程中既可以是品牌消费者，也可以是品牌文化或口碑传递者。

例如，人们会因为在微博或朋友圈刷屏的某款产品而产生购买需求，会浏览搜集其他陌生人的购买评论、论坛的专业测评等，会边说着"剁手"边按下支付按钮，更会在买到心仪的商品时各种晒图片。消费过程中的所有行为，都可以变成一种社交行为，消费者不知不觉就参与到品牌的传播中。这也就意味着越是擅长借力整个购买链条中社交传播行为的企业，越能借助自己消费者的能量制造传播。

社交媒体的兴起为广告主品牌提供了新的解决方案，如微信、微博等社交媒体已成为数以亿计的网民每天登录的平台。与此相适应，这些社交媒体发布产品广告时也越来越重视避免广告过度投放影响用户的社交体验，如图 3-9 所示。

图 3-9　微信朋友圈广告

　　你见过微信朋友圈广告吗？你认为微信朋友圈广告和你过去见过的广告最大的区别是什么？

　　社交媒体平台往往拥有庞大的用户群和海量数据库，用户参与度很高，广告主可以利用活跃用户的圈层进行广泛扩散，而且借助大数据算法，可实现更精准的目标人群投放。

　　社交媒体广告的表现形式大体可分为开屏广告、图文广告、视频广告、植入广告等，但由于社交媒体的产品属性各有不同，其广告展现形式也有所不同。

　　目前，中国的三大社交平台分别为微信、QQ 和微博，微博的广告投放形式和其他社交平台有不同的地方。

　　微博的广告投放形式有粉丝通、粉丝头条、微博"大 V"广告投放等。

　　（1）粉丝通可以自定义投放用户库，是新浪微博主推的产品，针对所有新浪微博用户，根据地域、用户、年龄、关键词、兴趣爱好等精准定位投放信息。广告投放后会以微博图文名义出现在微博信息流中。

　　（2）粉丝头条，微博主对自己发布的微博使用粉丝头条功能后，可以让自己的粉丝登录时看到该条微博处于其微博的第一条。粉丝头条最早只能覆盖自己微博在 24 小时内登录的用户，现在增加了"路人转粉"功能，只要广告主愿意投入，微博主还可以让自己的微博出现在不是自己粉丝的人的微博第一条的位置。

　　（3）有影响力的微博"大 V"粉丝数量大，互动活跃度高，往往能引爆话题、带动热点，因此很多企业经常通过微博"大 V"投放品牌广告，在微博平台进行曝光。

　　QQ 和微信的广告形式都属于腾讯广点通的产品形态。广点通是由腾讯公司推出的效果广告系统。它依托于腾讯海量优质流量资源，给广告主提供跨平台、跨终端的网络广告平台，如图 3-10 ~ 图 3-14 所示。

图 3-10　QQ 空间信息流——图文广告

图 3-11　QQ 空间视频广告一

图 3-12　QQ 空间视频广告二

图 3-13　QQ 空间信息流——品牌页卡广告

图 3-14　微信公众号内广点通广告

　　在社交媒体上投放广告需要注意的是，一定要注重用户体验。企业在社交媒体平台投放广告需要考虑使用该款社交应用的用户体验，因为人们往往是讨厌广告的，如果把投放的广告与社交产品的浏览特性相结合，就像微信朋友圈广告那样，其形式和平时发布的状态形式类似，不过度打扰用户，用户在看到广告时便会欣然接受。当然，如果你的广告拥有独特的创意，用户也会爱上你的广告。

　　社交媒体广告发展至今，用户的心态已经在社交媒体的带领下越来越开放和主动，乐于接受和了解一些广告信息、体验新的产品，并将自己的感受分享和传播出去。再加上社交媒体对用户的大数据精准分析，对用户的年龄和性别等有很好的把握，广告的投放也更加精准，可以制定出更加适合这个群体的营销策略；对于用户而言，大部分看到的都是自己需要的信息，也更加乐于去分享和传播，从而使产品广告最大化地被接受、体验并有效地传播开来。

实战训练

　　通过百度了解微博粉丝头条和微信朋友圈广告投放的具体形式，对比分析一下二者广告投放的优缺点。

// 3.6 视频平台

　　早在 2008 年，网络视频就已经正式宣告了其在互联网格局中的重要地位。据统计，当时网络视频的使用率为 71%，用户量已经达到了 1.8 亿，超过搜索引擎成为中国互联网的第四大应用。网络视频广告还凭借当年北京奥运会这块试金石，逐渐被行业及广大广告主所接受并认可。

　　网络视频广告的最大优势在年轻受众逐步远离电视媒体，越来越习惯通过网络视频"追剧"，而且在"追剧"过程中，新近发展起来的弹幕模式也吸引了更多年轻人参与互动。随着网络视频逐渐成为大众网络生活不可缺少的重要组成部分，如何利用网络视频这个新媒体平台进行一系列的营销活动也成为广大广告主需要考虑的重要问题。

目前，网络视频平台分为以网络电视、视频直播、用户原剧内容（User Generated Content，UGC）为主的视频分享平台三大类。网络电视视频广告主要以家庭中点播视频时的开屏广告为主，以及在线网络电视视频，如 PPLive，以缓冲视频广告和专区整合冠名广告为主要形式，如图 3-15 所示。

图 3-15　PPLive 首页

视频直播是 2015 年以来网上最热的新媒体网络视频模式。目前比较主流的视频直播 App 有映客、斗鱼、一直播等，视频直播的广告形态还没有完全成熟。目前比较常见的广告形式有直播推荐广告位、开屏广告、Banner 图、主播植入、现场直播、合作直播等方式，如图 3-16、图 3-17 所示。

现今市场上比较受欢迎的视频分享平台有优酷、土豆、爱奇艺、腾讯视频、乐视视频、搜狐视频、暴风影音、芒果 TV 等。视频分享平台有着丰富的媒体资源和广告形式，广告形式主要有贴片广告、冠名、内容植入、口播、暂停广告（见图 3-18）、角标、移动端开机图、页面广告位。贴片广告可以按照地区、频道等进行投放，部分平台还可以按照人群兴趣等进行投放。目前，常见的移动广告形式大致分为五大类：图片类广告（Banner、插屏、全屏）、富媒体广告（缩小、擦除、摇一摇等）、视频广告（角标、贴片、暂停广告）、原生广告（信息流、激励类等）、积分墙广告，如图 3-19 所示。

图 3-16　直播平台 Banner 广告

图 3-17　品牌主携手明星直播发布会

图 3-18　视频暂停广告

图 3-19　移动端贴片广告

课堂讨论

　　回想一下，你以前观看过哪一类视频？这类视频播放前出现过哪些产品的广告？哪一个广告令你记忆犹新？分析一下为什么你会记住它。

　　网络视频广告之所受企业主喜欢，一是因为视频平台的用户量大，二是用户停留在平台上的时间较长，三是广告的投入产出比较高。

　　相对电视广告可以切换台等因素，现在国内视频平台几乎都插播广告，用户只能等待广告播放完才能观看视频，这种投放形式往往可以获得观众几乎全部的注意力，广告到达率比较高。

　　作为新的广告形式，视频广告能针对群体特征非常具体地投放广告。例如，你在看一段美食视频时，视频播放前往往都是一些食品类的广告，此时，如果你对此款商品感兴趣，就会点击来了解商品的详细信息。

　　传统的电视广告往往要请明星代言，要放到黄金时段播出，要放到收视率高的节目中播出，其成本是非常大的，花费十几万元甚至上千万元都是有可能的，而且需要大量的工作人员。但是，网络视频广告只需要较少的人员加上一个好的创意，其成本比电视广告小得多，而且可以尝试免费传到网络上进行传播。如果企业发现某些广告创意受人喜欢，再花一定的成本进行推广，则效果会更有保障。

值得一提的是，就在 2016 年，视频分享平台和社交媒体平台共同演化出了一种新的视频形态——社交原创短视频。一时间，网络上以 papi 酱、艾克丽丽等为主的个人社交媒体原创视频深受网友喜爱，如图 3-20 所示。

目前，微信朋友圈视频广告、微博信息流视频广告也在不断发力，社交媒体平台信息流式的广告被各大企业主一片看好。早在 2013 年 12 月，Facebook 就与广告主合作推出了社交媒体平台的第一支视频广告，如图 3-21 所示。

图 3-20　papi 酱社交原创短视频　　图 3-21　Facebook 第一条视频信息流社交广告

当时这支广告长度为 15 秒，广告被直接嵌入 Facebook 的信息流页面，声音默认静音并自动播放。为了同时保证广告主的需求与用户体验，用户如果对广告感兴趣，可直接点选最大化或播放声音；如果不感兴趣，可直接下滑页面忽略广告。

实战训练

微博搜索 papi 酱，试着从多个角度分析一下为什么 papi 酱的视频深受大众喜欢、转发量为什么会这么高。用广告主思维思考一下，她的广告对哪一类目标人群的商业价值较大？

113

// 3.7 BAT 大平台

BAT 是中国三大互联网巨头百度公司（Baidu）、阿里巴巴集团（Alibaba）、腾讯公司（Tencent）的首字母缩写，它们占据着中国大半的互联网江湖，如图 3-22 所示。

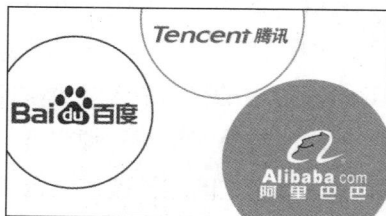

图 3-22 BAT 中国互联网公司三巨头

从大数据上来讲，BAT 分别掌握着一般型数据、交易型数据和关系型数据领域的话语权，如何利用好 BAT 的广告资源、借助其优质数据做好营销，是企业主们关注的焦点。接下来，我们就从 BAT 三个平台分别介绍各品牌下的产品与产品广告形态。

1. 百度平台

搜索是网友最经常使用的功能之一。百度产品广告投放体系包括搜索推广、网盟推广、产品推广、社区营销（百度问答、百度文库、百度贴吧）等，如图 3-23 所示。

图 3-23 百度推广首页

（1）搜索推广是基于百度搜索引擎，在百度搜索结果的显著位置展示企业推广信息，并帮助企业把网民有效转化为客户的一种营销方式。企业可以让推广信息在自己指定时间段、指定地域，根据网民搜索的关键词出现，当网民点击信息、打开企业网站，百度推广再扣取广告费用。例如，在百度的搜索框中搜索相应关键词，第一条至第四条的位置均可以投放相应的广告，投放广告的信息下方会出现"商业推广"四个字，如图 3-24 所示。

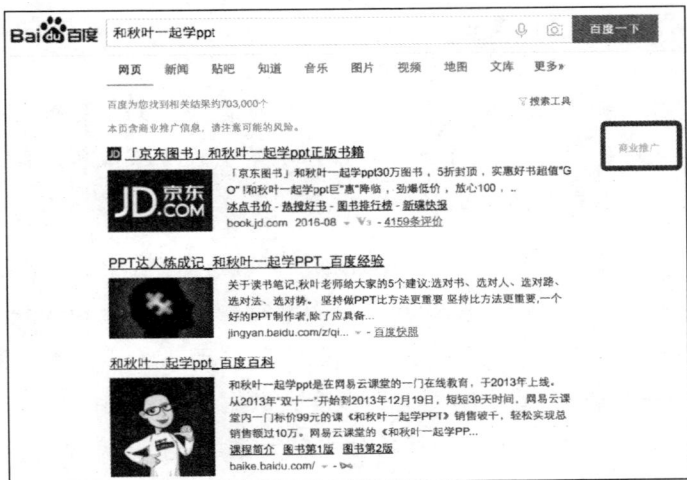

图 3-24　百度搜索"和秋叶一起学 PPT"出现的推广广告

（2）网盟推广是百度 MDSP（类似百度联盟的 DSP）。百度联合 5 万个以上合作 App，针对客户在网上的行为轨迹，圈定目标用户进行广告的精准投放，按照曝光付费，人群选择可根据四个维度来进行。

① 人口属性：年龄和性别。

② 地理位置定向：哪个省的哪个城市。

③ 生活形态定向：兴趣爱好、品牌爱好等。

④ LBS 区域定向：访问某个精品楼盘的客户，竞品周围五公里的客户。

（3）产品推广是围绕百度产品进行推广的，例如在百度地图品牌专区，当网友在百度地图搜索了指定关键词后，弹出来的占据第一个位置的信息就是一条广告信息，如图 3-25 所示。其支持省市级别定向，按照关键词付费，

图 3-25　百度地图搜索关键词"KTV"后出现的广告

即采用一组关键词按多少钱收费的形式。其好处是可以让相应的人群在使用百度地图搜索相应词的时候第一时间看到企业投放的广告消息。

课堂讨论

　　如果你是某互联网租房品牌市场部的负责人，现需要选择一款百度产品投放一则基于某一精确地点（如××小学）的房源信息广告，你会选择哪一款百度推广产品？说明你的理由。

　　百度广告平台主要利用用户主动搜索的关键词挖掘用户需求，以此实现广告的精准投放。可以说，百度的搜索引擎营销（Search Engine Marketing，SEM）也是相当精准的，但毕竟用户的搜索内容丰富多样，绝大多数搜索内容并不是用户的消费欲望所驱使的，百度大数据目前还难以分析出用户的真实搜索意图；再加上百度的广告竞价体系缺乏透明度，在多家竞价的情况下，投放成本也越来越高。

2. 阿里系

　　阿里系所有的广告资源都由阿里妈妈进行管理与投放。阿里妈妈拥有淘宝自身资源以及合作平台资源（高德地图、UC浏览器等），拥有包括用户详细地址、消费习惯等在内的优势数据。阿里妈妈最好的广告资源就是淘宝自身的广告位。

　　企业通过阿里妈妈进行广告投放，利用曾经已有用户的数据，阿里妈妈可通过底层数据进行匹配，运用大数据帮助企业进行绘制用户画像；根据用户画像，淘宝资源可进行精准投放，圈定用户地域、消费偏好、性别等，让目标用户精准看到项目的广告。

　　阿里妈妈投放广告的主要形式有淘宝/天猫直通车、钻石展位、麻吉宝、淘宝客、淘宝联盟。除了在站内进行广告投放外，广告主还可以选择投放联盟平台，类似于阿里联盟的需求方，可以投放到阿里妈妈以及其他合作网站和App上。

　　阿里妈妈平台主要帮助广告主根据用户的网购及浏览商品的数据进行广告的精准投放。当用户浏览网页时，经常会看到阿里妈妈的推广广告，通常是在右下方轮番显示用户最近在淘宝的一些商品浏览行为，进而诱发用户点击相关产品。

3. 腾讯平台

腾讯的广告投放产品分为广点通、智汇推、朋友圈广告，如图 3-26 所示。

图 3-26　腾讯社交广告首页

广点通可以根据人群特征，在腾讯的社交产品上投放广告。广点通投放的广告资源主要在 QQ 客户端、手机 QQ、QQ 空间、手机 QQ 空间、微信公众号、朋友圈、QQ 音乐客户端等位置，如图 3-27 所示。广点通的人群定向可根据多个维度进行选择，如性别、年龄、兴趣标签、历史行为等，按照点击量付费。

智汇推的投放资源主要集中在腾讯新闻客户端和腾讯视频客户端。其广告投放可按照用户性别、年龄、地域和人群类别进行筛选。智汇推的人群筛选是按照行业进行分类的，自动给用户打标签，按照点击量收费。

图 3-27　手机 QQ 空间广告

朋友圈广告是在朋友圈中投放的原生广告，包括图文、视频、原生推广页等方式，按照曝光次数进行收费，可按照用户地域、年龄、性别、兴趣等进行人群选择，价格 5 万元起。

目前，朋友圈广告已开放自主投放，企业只需 5 个流程（开户、创建广告、方案审核、广告上线、效果跟踪）即可投放广告。企业可以在广告投放端选择目标人群标签，包括地域年龄、性别、兴趣等，此后朋友圈广告系统将根据企业的设置定向分发广告。一条朋友圈广告投放一般需 3～15 个工作日才能上线；上线后，企业可在广告投放后的 3 个工作日内在线查看结案报告。

腾讯的广告体系更适合按人群属性、兴趣、爱好进行广告投放，其更关注社交化考量因素。

课堂
讨论

选择一家知名大企业，看看他们在百度、阿里巴巴、腾讯平台上有没有投放过广告，想想这些品牌为何要这样投放广告。

在中国互联网现实竞争格局下，百度、阿里巴巴、腾讯的账户系统并不互联互通，网站访问跳转也受到诸多限制。对于企业而言，要么不得不在三家平台上都购买流量，要么只能先依附某个具体的平台生存发展。

// 3.8 需求方平台

2011 年年底，中国网络广告市场上出现了一个新鲜词——需求方平台（Demand Side Platform，DSP），这一概念起源于网络广告发达的欧美地区，它与 Ad Exchange（互联网广告交易平台）和实时竞价（Real Time Bidding，RTB）一起迅速崛起于美国，并在全球快速发展，2011 年已经覆盖到了欧美、亚太及大洋洲，并在 2011 年年底进入中国。

尽管今天的网络广告市场规模已超过报纸，成为仅次于电视的第二大广告媒体，而且各广告平台都宣称自己采用的是精准广告投放模式，但很多企业发现互联网广告并没有真正做到精准营销。

例如最典型的视频贴片广告，其主流方式还是沿用传统媒体的思路来投放，如图 3-28 所示。它不是以千人为单位来投放，就是以时间为单位来投放，从中很难感受到互联网广告精准投放的优势，更谈不上依据大数据指导营销投放。

图 3-28　大数据下精准投放视频贴片广告

　　其实，DSP 的前身就是在线网络广告联盟（Ad Network）。我们在浏览一些网站的非首页页面时，经常看到网页的一个角落有各种小广告框，这些广告就是通过在线网络广告联盟投放的。在线网络广告联盟典型媒体如 Google 的 AdSense。AdSense 是个合成词，其中 ad 是"广告"之意，sense 是"感知"之意，综合起来的意思就是"相关广告"。Google 通过程序来分析网站的内容，并且投放与网站内容相关的广告。

　　大部分在线广告联盟的原理和 Google 的 AdSense 投放原理是一致的。

　　（1）在网页中加入一小段 Google 提供的 JavaScript 脚本。

　　（2）用户浏览该网页时，JavaScript 脚本监测到后，对 Google 广告服务器发出广告资源请求。

　　（3）Google 广告服务器发现这是一个新网页，于是安排机器人开始抓取这个网页的内容，以判断应该推送何种广告才与网页浏览的内容关联度更高。在没有返回关联广告之前，用户可能会看到一个 Google 公益广告页面。

　　（4）Google 服务器分析网页的内容，如发现"载人飞船"这个单词出现了 10 次，"神舟十一号"出现了 20 次，于是服务器认为这个网页在讨论"神舟十一号发射成功事件"。

　　（5）在线脚本发现又有用户浏览该网页，再次向服务器发出投放精准广告的申请，这一次 Google 广告服务器回答说："好！这是个关于神舟十一号发射成功事件的页面，给你投放神舟十一号发射成功的现场回放吧！"

（6）看到神舟十一号发射成功的现场回放的用户想："嗯，正打算支持一下神舟十一号。"于是点击广告。

（7）广告平台会收到相应收益，由 Google 在线广告平台和加入 Google 在线广告平台的网站分配。

这就是在线网络广告联盟的工作模式，也是我们谈到的 DSP 的主要工作模式。DSP 往往是独立第三方，它们独立整合不同的网络资源，为企业提供广告投放资源。

课堂讨论

请自行搜索"百度广告管家"，了解百度广告联盟平台的使用知识，加深理解广告联盟的原理，并尝试找到一个基于网络广告联盟推送的广告页面。

为了保证广告的覆盖面，越来越多的互联网广告都集中投放在大流量的页面，如门户网站首页等，这造成"少数页面投放就消耗了绝大部分广告投入"的困境。

如果一家广告主找多家媒体进行广告投放，就需要消耗大量的时间和精力来和各个媒体沟通，并确定每一个广告位的投放时间、效果和形式，这使得广告主只能投入精力和优质主流媒体的优质广告位谈判。但网络上还有大量小的网络媒体，它们有些是垂直领域的网站，通过搜索、口碑介绍来传播，单个流量并不大，网站也不可能有专门的业务人员对接广告主。DSP 的出现可以把所有的广告资源聚合起来，让广告主可以进行一站式购买。

对广告主来说，有了这样的平台，就解决了对这种长尾流量的一站式投放问题，只需要投钱就行了；对网站媒体来说，原来有一些网站流量是无法变现的，现在所有的流量都可以变现；对企业主而言，这种长尾流量价格可能非常低廉，但采取合理投放策略可能也会找到更低成本的精准流量。

但加入广告联盟的网站媒体越来越多，也会导致优质广告联盟网页资源被稀释，广告投放效益下降。为了解决这个问题，DSP 就应运而生了，其就是为应对这种挑战而产生的新广告投放模式。DSP 是为广告主、代理公司提供的一个综合性管理平台，通过同一个界面管理多个数字广告和数据交换的账户。利用 DSP，广告主可以在广告交易平台（Ad Exchange）对在线广告进行实时竞价，更高效地管理广告定价和调整竞价策略。

一个好的 DSP 系统至少要具备以下要素。

（1）一个统一的、综合的操作平台：DSP 为广告主提供一个综合性的操作平台，广告主可以通过一个平台管理多个渠道的流量来源，避免投放广告时要对接不同的网络媒体，增加交易成本。

（2）能够整合、优化、管理不同渠道的流量：DSP 能够简化企业购买媒体广告的流程，要做到这一点，就必须有整合、优化和管理不同渠道流量来源的能力。

（3）支持实时竞价：利用实时竞价协议（允许购买者对单一广告展现进行实时竞价购买的广告交易协议）， DSP 可以从广告交易平台中实时地按需购买广告。

与传统的广告网络（Ad Network）相比，DSP 不是从网络媒体那里买广告位，也不是采用按下载量收费的方式获得广告位，而是通过实时竞价的方式从广告交易平台获得对广告进行曝光的机会。DSP 通过广告交易平台对每个曝光进行单独购买，即采用每千人成本收费的方式获得广告位。

DSP 的广告投放会使用优化算法来提高广告主的广告投放效果，通过优化算法，DSP 可以让广告主在 100 毫秒的时间内确定目标受众、优化竞价策略并投放广告。DSP 移动端的精准定向可以按照不同的维度细分为以下方式：人群定向、行为定向、LBS 定向、运营商定向、Wi-Fi 定向、设备型号、操作系统、使用时间等。这些定向方式可以进行组合，多重叠加之后在精准性上就有更大的保证。

DSP 可以为广告主提供及时的、全面的数据报表，其中包括广告花费、投放频次、投放效果、订单状况等。

DSP 对其数据运算技术和速度要求非常之高。从普通用户在浏览器的地址栏中输入网站的网址，到用户看到页面上的内容和广告这短短几百毫秒之内，就需要发生好几个网络往返的信息交换。

Ad Exchange 首先要向 DSP 发出竞价（bidding）请求，告知 DSP 这次曝光的属性，如物料的尺寸、广告位出现的 URL 和类别，以及用户的 Cookie ID 等；DSP 接到竞价请求后，也必须在几十毫秒之内决定是否竞价这次曝光，以及如果决定竞价将出什么样的价格，然后把竞价的响应发回到 Ad Exchange。

如果 Ad Exchange 判定该 DSP 赢得了该次竞价，要在极短的时间内把 DSP 所代表的广告主的广告迅速送到用户的浏览器上。整个过程如果速度稍慢，Ad Exchange 就会认为 DSP 超时而不接受 DSP 的竞价响应，广告主的广告投放就无法实现。

基于数据的用户定向（Audience Targeting）技术是 DSP 另一个重要的核心特征。从网络广告的实质上来说，广告主最终不是为了购买媒体，而是希望通过媒体向他们的潜在客户（即目标人群）进行广告沟通和投放。

服务于广告主或者广告主代理的 DSP，则需要对 Ad Exchange 每一次传过来的曝光机会进行相关数据分析，以决定竞价策略。这些数据包括本次曝光所在网站、页面的信息，以及更为关键的本次曝光的受众人群属性，人群定向的分析直接决定 DSP 的竞价策略。DSP 在整个过程中，通过运用自己的人群定向技术来分析，所得出的分析结果将直接影响广告主的广告投放效果。

所以，从 DSP 技术的发展方向来看，DSP 是中小企业借助大数据分析投放互联网广告的一个重要途径。

实战训练

选择一个国产 DSP，访问其网页，了解其平台技术特点和相关案例，深入理解 DSP 广告形式。

// 3.9 众筹平台

2011 年 7 月，我国第一家众筹平台"点名时间"上线，这标志着我国众筹行业的开端。在互联网金融快速发展的浪潮下，众筹模式得到了越来越多人的认可。众筹来自英文 crowdfunding 一词，即大众筹资或群众筹资，指发起人将需要筹集资金的项目通过众筹平台进行公开展示，感兴趣的投资者可对这些项目提供资金支持。现今市场上比较主流的众筹平台有京东众筹、淘宝众筹、众筹网等，如图 3-29、图 3-30 所示。

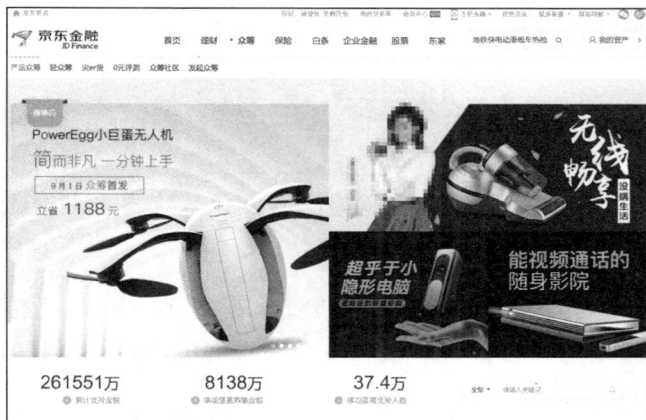

图 3-29　京东众筹页面

图 3-30　淘宝众筹页面

众筹融资平台是随着众筹融资模式的出现而逐步兴起的一类互联网融资平台。融资者借助互联网上的众筹融资平台宣传自己的项目，吸引大众投资者投资，每位投资者通过少量的投资金额就可以从融资者那里获取实物或股权回报。

在相当一部分众筹活动中，投资者不仅为项目投资，还积极参与项目、实施传播推广，这就使众筹项目有了社交口碑传播效应。因此，越来越多的企业通过众筹平台不仅进行项目融资，还进行品牌和产品的传播推广。其中比较常见的形式就是企业研发生产了一款新产品，通过众筹平台筹集资金并为其产品传播加以曝光。

课堂讨论

众筹平台中什么类型的产品居多？为什么这类产品会受到人们的欢迎？

目前国内众筹模式主要有三种：债权众筹、股权众筹、回报众筹。

（1）债权众筹：投资者对项目或公司进行投资，获得其一定比例的债权，未来获取利息收益并收回本金。

（2）股权众筹：投资者对项目或公司进行投资，获得其一定比例的股权。

（3）回报众筹：投资者对项目或公司进行投资，获得产品或服务。

下面以最典型的回报众筹为例做简单介绍。这类众筹主要包括三个参与方：筹资人、平台运营方和投资人。这种众筹模式的特点是以众筹资金换取众筹物品，筹资方禁止用股权、债券、分红、利息、资金等形式回报投资者。

回报众筹的基本运营流程如下。

（1）筹资人（就是项目发起人）在众筹平台上注册账号，发布自己的众筹项目，介绍自己的产品、创意或需求，设定筹资期限、筹资模式、筹资金额和预期回报等；平台运营方（就是众筹网站）负责审核、展示筹资人创建的项目，并为其提供服务支持；投资人则通过浏览平台上的各种项目，选择适合的投资目标进行投资。

（2）在融资期结束后，如果项目收到的投资总额达到预设的融资金额，那么众筹项目融资成功，众筹平台会将所有投资划拨到融资方的账户；如果没有达到目标金额，那么众筹项目融资失败，众筹平台会将所有投资退回到投资者的账户。

（3）融资成功的众筹项目在收到投资后开始按照项目计划实施项目；众筹项目完成后，融资方需按照承诺给予投资者回报。

相对于传统的融资模式，融入更多互联网元素的众筹模式无疑更具创新性：企业通过众筹平台可以极低的融资成本吸收众多散户的资金，投资者可以通过众筹平台发现潜在的受消费者欢迎、认可的高收益投资项目，消费者可以通过众筹模式提前尝试最新的产品和服务。可以说众筹平台为多方提供了更广泛的选择可能性，为整个社会注入了创新活力。

对于企业来说，众筹平台有以下特点及优势。

（1）无门槛，为中小微企业拓宽融资渠道。中小微企业融资难的现状一直是大问题，通过在众筹平台上申请融资，中小微企业可以充分地展现自己产品的魅力、项目前景，以获得投资者的信任来实现融资需求。

（2）人人都可以是筹资人和投资人。众筹平台的出现使任何年满 18 周岁的自然人均可以通过众筹平台发布其创意，以此吸引投资和投资项目。

（3）其为公众提供了投资的新途径。在众筹平台上，投资者可以根据自身状况和个人兴趣选择最适合自己的投资项目，有效利用闲散资金，以增加投资收益。

众筹的潮流对产品的优化、用户体验提升、创业风险控制有着很大的帮助。现在的众筹平台还处在蓬勃发展的阶段，只需要时间沉淀，未来的众筹将更加完善、更加多彩。

课堂讨论

在京东众筹页面中选择一款众筹产品，判断一下该产品的众筹方式属于哪一种类型；试着多看几个产品，总结分析一下众筹的规则。

// 3.10 其他媒体投放平台

前面已经介绍了目前市场上比较成熟的新媒体广告投放渠道。除了这些广告投放渠道以外，我们在日常生活中也会见到一些户外广告投放载体，如楼宇、门店、公交车、电梯、公交站牌、地铁、高铁、动车、高速公路牌等。但人们认为这一类载体属于传统广告的投放载体，不属于新媒体广告的投放载体。

关于传统投放载体在本书中不做详细介绍。本节主要介绍一些新兴的新媒体广告投放渠道，即无人机和虚拟现实（Virtual Reality, VR）。

1. 无人机广告载体

2015 年，全球无人机市场被广泛关注，大疆创新产品走向前台，国内极飞科技、零度智控以及国外 3D Robotics 等无人机公司产品研发和融资动作不断……2015 年可以说是消费级无人机元年。

无人机是无人驾驶飞机的简称，是利用无线电遥控设备和自备的程序控制装置的不载人飞机，包括无人直升机、固定翼机、多旋翼飞行器、无人飞艇、无人伞翼机，如图 3-31 所示。

图 3-31　大疆无人机

目前，无人机主要应用于航拍等领域，包括边防、农业等。另外，其在搜救、防盗等安全监控方面的应用也在起步。无人机有时还会被用来进行包裹投递、运动赛事摄影等。聪明的商家甚至已经将无人机当作飞行广告位，吸引了消费者的眼球，如图 3-32、图 3-33 所示。

图 3-32　淘宝无人机送货

图 3-33　京东无人机送货

**课堂
讨论**

　　　未来无人机送货将成为一种趋势吗？这种形式是否将取代快递员的工作？为什么？

　　目前，无人机的广告形式主要以挂广告条幅或横幅为主，如图 3-34 所示。

图 3-34　"美的"无人机广告

　　无人机广告的特点在于无人机体积轻巧又可灵活移动，具备传统飞行广告形式飞艇所没有的优势。无人机可以低飞至地面，也能飞到传统广告平台到不了的地方。当人们看到无人机时，会对广告的内容更感兴趣。而且无人机和直播平台结合，也可能创造出新的新媒体广告形式。

2．VR 广告载体

伴随着扎克伯格在世界移动通信大会上通过 VR 与记者互动的图片广为流传，越来越多的人开始关注 VR，国内外的各类公司也开始尝试 VR 创业。有数据表明，仅 2015 年一年，与 VR 技术相关的专利申请就已经达到了 841件，VR 瞬间火爆。一时间，VR 市场的商业广告价值也备受企业主关注。

目前已经有不少企业开始采用 VR 广告的形式。Facebook 在 2015 年 9月就推出过 VR 风格的 360°视频广告；汽车领域如奥迪和沃尔沃，时尚领域如 Dior，快消品领域如可口可乐，都早早地与 VR 技术完成了"第一次亲密接触"，玩起了 VR 营销。

VR 技术发展至今，目前其广告形式主要是通过 VR 技术展现一个全新产品的广告片。就在 2016 年 3 月，一个用 VR 技术制作的广告片在网络上热传：在 90 秒的时间里，猎豹移动用 VR 技术展现了它们的全新产品——猎豹3D 桌面，如图 3-35 所示。这是一款安装在 Android 手机上的桌面优化产品，由于这款产品本身具有 3D 特性，所以在 VR 技术的辅助下，其效果的震撼程度直接翻倍。

图 3-35　猎豹 3D 桌面 VR 技术呈现图

VR 的广告载体是一个全新的形态，这种形态的主要特点有：感官冲击力强，视觉效果震撼；全新的技术展现形式，内容更加形象、立体。

未来的 VR 广告除了由震撼的视觉效果所带来的强烈感官冲击力以外，将会有更加深度的 VR 体验，将不局限在视觉冲击的范畴内，而将由视觉带动全身体验，实现一种浸入式的广告效果。

　　在 VR 技术之下，未来每一个人看到的广告片或许都是截然不同的。消费者可以作为个体进入广告片的剧情，有些人或许只在里面待几十秒，但有些人可能在同一支广告片中待十几分钟，个人体验的时长完全取决于消费者在广告片中的角色和选择。而且在这一过程里，广告主对媒介的依赖性减弱了，因为消费者不再是接受者，他们被内容所连接，向品牌方更近了一步。

　　显而易见，VR 广告离人们越来越近了。

本章小结

　　1．无论投放方式如何改变，广告投放的目标不会变——无非是实现传播或带来转化。

　　2．对于一则企业投放的广告来说，广告创意至关重要，它直接决定着广告转化率的高低。

　　3．选择哪一个投放渠道进行广告投放，取决于该渠道的特征与即将投放产品特点或品牌的调性关系。

　　4．一个创意广告往往需要多个投放载体的综合配合，才能有效地实现广告的效益。

04 Chapter

新媒体运营策略

通过阅读本章内容，你将学到：

- 企业推广变化趋势
- 新媒体运营方案
- 个人账号体系搭建

// 4.1 新媒体越来越被企业重视

2014 年 1 月 20 日,《南都娱乐周刊》主编陈朝华通过微博爆料称:海尔集团发邮件通知媒体,今后不再向杂志投放硬广广告(见图 4-1)。在此之前,海尔集团董事局主席张瑞敏在公司年会上称:对海尔来说,无价值交互平台的交易都不应存在。

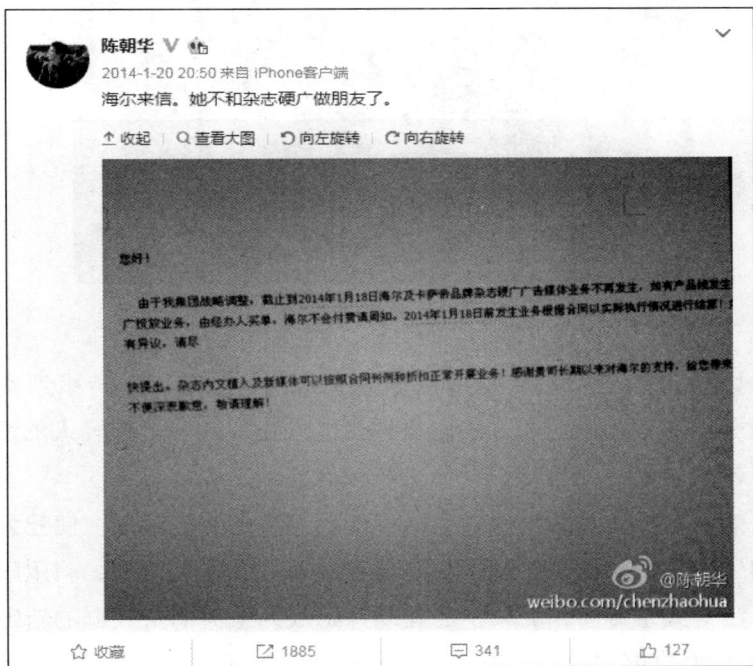

图 4-1　陈朝华微博爆料截图

停止杂志硬广投放后,海尔将继续投放杂志内文植入广告和新媒体广告。海尔成为首家放弃杂志硬广而转向新媒体广告的传统家电企业。

海尔的选择是无数传统企业广告投放方向变化的一个缩影。无独有偶,2016 年 8 月 7 日,万达集团发布《万达新媒体广告投放蓝皮书》,明确指出:随着消费者行为习惯的变化,中国广告的投放中心已经从传统媒体转向新媒体。集团董事长明确要求：集团所有业务要向新媒体转变，要求增加新媒体在项目营销推广工作中的比重，新媒体费用须达到媒体推广费用的70%以上。

移动互联网深刻改变了现代人的生活模式，现代的消费者都有了一个专有名词——"低头族"（见图4-2）。在多数场合中，我们往往都能看到消费者在使用手机和外界联系和交流，其注意力已经慢慢从线下和 PC 端转移到了移动端。

图 4-2 "低头一族"

正是因为人的注意力从线下转移到线上，从传统媒体转移到网络新媒体，要吸引消费者的注意力，特别是消费能力更加旺盛的年轻人的注意力，企业的广告投放也必须从传统媒体转移到互联网新媒体。

不仅如此，移动互联网解放了人们使用网络的物理限制，使社会主流消费人群的生活习惯被移动互联网深刻改变。在移动化场景下，利用碎片化时间，利用社交关系传播，高频快速互动开始成为主流消费人群的新媒体使用模式，这就要求即便是新媒体，自身进化也要全面适应这一趋势，才能赢得更多消费者的青睐和使用。

在新媒体推广过程中，有一些观点认为新媒体广告投放成本低，投放手段灵活，目标对象更精准，而且可以根据投放效果实时调整推广方案，因而相比传统媒体拥有了巨大的优势。

这一观点部分是成立的，新媒体推广可以是图文、文字、视频、音频、交互式游戏等多种形式，这是传统媒体难以企及的。同时，绝大部分新媒体投放模式都支持按访问时间、访问地区、人群特征、上网设备、访问关键词等要素进行投放，这相对传统媒体到达目标人群的精度也大大提高。另外，策划得当的新媒体广告很方便借助社交关系制造传播效应，一旦成为传播热点，就会带来爆发性扩散，成为话题事件，带来额外的注意力红利。

但是，认为新媒体投放就一定比传统媒体更有效，这也是一种误解。

课堂讨论

怎样理解宝洁缩减精准广告

2016 年 8 月 11 日的《华尔街日报》报道称，全球最大的广告主宝洁认为 Facebook 上的精准投放并没有达到预期效果。

宝洁的首席市场官表示，公司认为目前的精准营销做得过度了。"我们寻求精准定位的活动太多，定位太窄了。我们现在在思考：什么才是最好的方式——既能触达到最多的受众，又能做到精准？"他说。

例如，宝洁在两年前想要把 Febreze 空气清新剂精准推广给宠物主人和大家庭，但销量总是上不去。不过当他们重新把广告受众面扩大到 Facebook 及其他地方所有的 18 岁以上人群的时候，销量却上去了。

首席市场官表示宝洁并不会减少在 Facebook 上的广告投入，在该精准投放的地方还是要用，如把纸尿裤推送给妈妈们。他说，宝洁一直都在数字和传统两个渠道投放广告，但确实减少了在一些小网站上的投入，因为它们的影响力远远比不上 Facebook、Google 和 Youtube。

尽管如此，在宝洁此番表态过后，Facebook 的股价应声下跌。

宝洁对 Facebook 广告价值的重新审视让我们意识到，新媒体精准投放并没有那么神奇，也不是"万用灵丹"。任何媒体都有自己的渠道受众，强调精准首先要考虑自己的投放渠道是否和目标人群匹配，其次也要看自己追求的市场是否足够大，一如宝洁内部分析的那样："品牌越大，你就越需要最广大的受众，而不是更小的目标群体。"

对于大众产品，通过广告扩大品牌在大众心目中的曝光度是有必要的，这会让消费者真正进入消费模式时把你的产品列为选项之一。但精准广告会导致品牌淡化，从而间接影响销量。所以精准广告用在针对特定人群、特定事件、特定产品，或者作为品牌广告的相互支撑体系更为合适。

// 4.2 企业转型新媒体的模式

传统企业转型新媒体平台有两种模式：一种模式是自建，另一种模式是投放。投放广告时，两种手段都要考虑。

对于很多传统企业而言，首先要明确运营新媒体的目的。传统企业运营新媒体，目的不外乎三种，即品牌推广、产品销售、客户服务。

如果是出于前两种目的，则自建和投放都需要维护；如果是为了客户服务，当然只能考虑自建新媒体体系。

企业一定要明确新媒体运营并非一定要自己开微博、开微信，和他人进行合作、利用他人的新媒体流量为自己的产品引流也是非常合适的。

课堂讨论

你会选择哪种运营模式？

甲企业和乙企业都是生产儿童玩具的，甲企业想自己建设一个微信公众号，吸引妈妈们关注，然后择机发布自己的产品广告，这样不但可以推广产品，还可以和自己的用户建立起直接联系。

乙企业认为自建微信公号难度太大，选择和业内有影响力的母婴微信大号合作推出爆款玩具团购活动。

你认为哪种运营策略更好？

对于企业来说，如果只是为了推广一款产品，而且这一款产品的生命周期也不一定非常长久，那么围绕产品或者目标人群建立新媒体账户加以运营未必必要：第一，企业未必具备运营好一个新媒体账户的人才和资源；

第二，企业的产品有自己的市场节奏，未必有耐心等待新媒体运营到有能量回馈的时刻；第三，如果企业产品没有足够的美誉度，在自建媒体上做推广可能会带来大量潜在用户流失，不如第三方有公信力的新媒体账户推荐的转化率好。

所以，企业在运营新媒体平台时，首先要有在新媒体平台上卡位的意识，但不等于全部推广动作都必须依赖自己的新媒体平台；借助他人的新媒体平台能量，选择合适的新媒体投放广告，也是非常好的运营模式，如表 4-1 所示。

表 4-1　适合企业自建的新媒体平台

运营目的	简　介
品牌推广	官网（包括移动版官网）、官方微博
产品销售	官方微店（包括淘宝、京东、微信商城等）
客户服务	官方微信、官方论坛、邮件

得体的官网是企业的门面。对于一个企业来说，拥有自己的官网，并在百度等搜索引擎上有好的关键词搜索表现，是让潜在消费者建立信任的基础运营动作。

微博是一个开放式平台，它最大的好处就是企业可以通过微博平台的转发模式，自己做活动策划，借助大号转发提升运营能量，有效进行品牌推广活动。也就是说，哪怕自己的微博账户粉丝少、能量低，但只要活动内容有趣，借助大号转发，一样可以达到活动目的。

课堂
讨论

"秋夜青语志愿队"为何能实现信息高转发

微博"秋夜青语志愿队"只有 1 000 多粉丝，但是他们发起的微博活动可以做到"破 300 转"，如图 4-3 所示。大家可以去微博搜索"秋夜青语志愿队"，然后在其主页上尝试用微博里面的内容关键词"免费送书"找到这条微博，分析一下这条微博被高转发的原因。

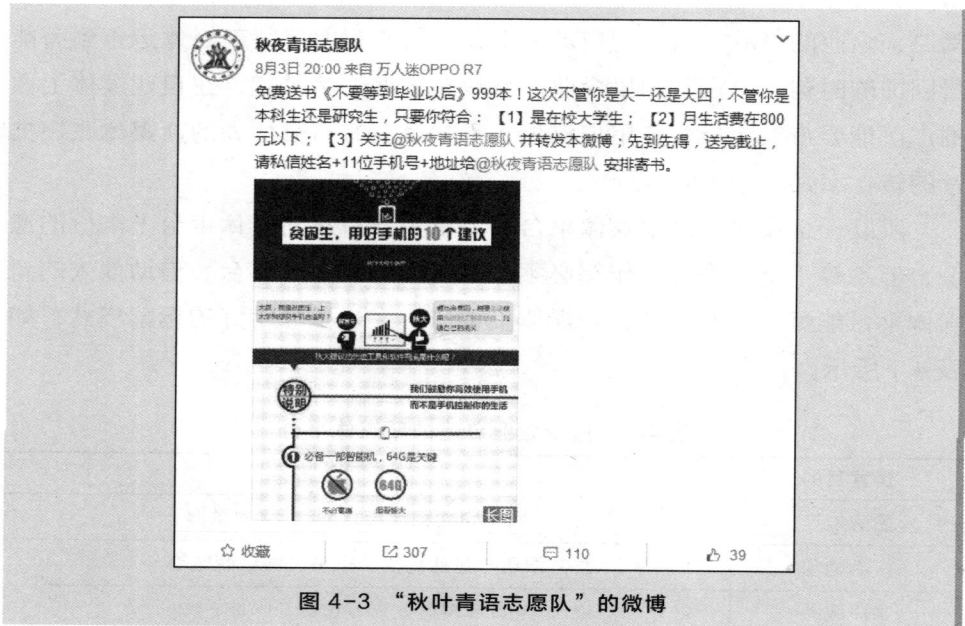

图 4-3　"秋叶青语志愿队"的微博

　　一般而言，这种微博小号能做出有能量的活动无非是得到了大号的帮推，加上给粉丝送出有价值的福利，解决了运营账户自身能量不足的问题，在一定周期内带来持续传播。

　　微信公众号很适合做客户服务平台，因为微信公众号和受众是一对一沟通的，交流比较深入，还可以借助关键词实现自动回复；而且万一用户有意见和投诉，这些内容只要不是主动截屏就不会被扩散，这样也有助于控制负面舆论。

　　如果企业的产品比较复杂或者用户群巨大，开设一个论坛让粉丝互相帮助也是一个不错的选择，如小米就开设有小米论坛。

// 4.3 注意新媒体渠道卡位

　　做新媒体运营，特别是新媒体广告投放，要注意不要把注意力只限制在微博、微信这样的主流新媒体上。运营者一定要对新媒体有全局性的把握，了解不同的新媒体，要创造接触和建立合作的可能。

《万达新媒体广告投放蓝皮书》列举的新媒体方向

《万达新媒体广告投放蓝皮书》详细列举了新媒体投放的方向，如表 4-2 所示。请同学们讨论一下：关于书中的投放广告类型你知道多少？你有机会接触多少？这些内容对你的未来工作有什么影响？

表 4-2 万达新媒体广告投放类型

投放渠道	简 介
新闻客户端	各大新闻客户端
地方网络平台	城市范围的网络平台，含本地网站、App、微信公众号
社交媒体	项目微信、微博账户，微博、微信"大 V"等
视频平台	各大视频平台
BAT 平台	包括腾讯、阿里巴巴、百度下的各种产品，如朋友圈广告、腾讯广点通、智汇通、搜索引擎等
需求方平台	通过竞价方式进行广告投放的第三方平台
房地产网络平台	各房地产专业网络平台
跨界网络平台	包括旅游、汽车、理财等与客户匹配的平台
其他新媒体	包括最新出现的 VR 技术，以及可能出现的其他新媒体平台

《万达新媒体广告投放蓝皮书》对新媒体运营者来讲，其实是一个非常好的自我能力培养指南。要做好新媒体广告推广，就需要对日新月异的新媒体平台保持关注，注意不同新媒体平台上的热点、爆发特点，并思考其能否和自己的企业、产品及活动相结合。

除此之外，还必须维护自己和不同新媒体平台的人际关系资源，必要的时候进行一些合作，形成良性互动，这样在需要关键资源进行配合的时候，才能够拿到优质资源，并将其整合起来，进行自己的品牌推广。

例如，对于有些优质新媒体资源，如果你要在"双十一"期间拿到广告投放的资源，仅仅靠资金还不够，如果平时建立了稳定的合作关系，就会比竞争对手更容易拿到优质的流量资源。

像微博、微信上有很多行业优质大号，也包括相关行业优质大号，新媒体运营者，要加以关注并定期分析，留意他们的活动形式及效果数据，争取和他们的运营编辑建立直接的联系，这也是从业者积累资源的基本要求。

简单地说，我们要从内容阅读者、分享者转移到内容评估者、整合者，只有这样，才能让自己从新媒体的受众变成新媒体的玩家。

// 4.4 学会系统策划运营方案

新媒体运营并非是有流量就有效果，而是需要系统策划的。越是有优质流量，越要精心策划爆款话题，形成口碑社交传播效应。

碎片化阅读模式下，手机用户周边往往环境嘈杂，如果你的新媒体创意不够吸引人，那么就很容易被信息流湮没，宝贵的流量推送就会白白浪费。

新媒体策划团队必须认真地在文案设计、图片选择、互动内容上下功夫，在正式推出之前，内部要客观评估。针对目标人群，在对应的载体上用什么形式效果更好？怎样的话题才有针对性，能引发大家关注和交流的欲望？如何设计才能让大家自发传播？如何把流量自然导入到自己的产品推广中？在什么时间段推送效果更好？是否要设计诱导评论？能否借势植入热点话题？热点话题对品牌形象有无正面加分效应？如果能够得到有效精准流量，如何引导用户进行更深入的咨询——是收集潜在客户信息还是马上转入在线互动？是提供在线咨询服务还是电话跟进？每天的流量转化效果如何？如何针对不同的流量平台评估效果？如何动态调整运营策略，提高转化率？在不同阶段，针对不同内容应该如何选择不同的合作平台？新媒体策划团队需要反复研究这些问题，不断积累成功的经验，以便在后期策划中加以灵活运用。

课堂讨论

同仁堂的新媒体运营

阅读下面的案例，搜索同仁堂的微信公众号，查看它的内容和菜单，然后回答下面的问题。

同仁堂虽然是拥有几百年历史的老字号品牌，有着历史品牌价值，但如果一直沉醉于传统方式，就会面临产品销售压力。在新媒体环境下，同仁堂也尝试了新媒体营销，使单品销量暴涨了 50%。

同仁堂微信公众号把用户群体定在 30 ~ 50 岁的人群，因为这部分人购买这些产品是用来赠送父母、亲戚的，而老人一般很少会自己去买。通过积极运营，在一年多时间内，同仁堂微信公众号快速积累了近十万用户，以药物的核心定位，辐射到相关中医药、养生及文化方面的知识与内容，推出名医采访等相关视频栏目，举行各种医疗体验活动，邀请同仁堂中医专家直播在线问答，与用户交流互动，提升用户体验，增强用户黏度。

同仁堂微信公众号认真做好健康问答服务，因为这是很多人的刚需，用户对同仁堂的品牌认可度也会因此进一步提升，从而成为同仁堂的忠诚用户，再通过口碑传播为同仁堂带来更多用户。

思考：

（1）同仁堂微信号好搜索吗？能很快确定哪个是正牌微信号吗？

（2）在同仁堂官网上有醒目位置提供其微信公众号的二维码吗？

（3）同仁堂微信号内容是否一如其目标人群定位，具有足够的吸引力？

（4）网上的案例分析和你的实际检索体会一致吗？

（5）通过这个实际案例分析，你学到了什么？

// 4.5 重视个人账号体系搭建

随着微信、微博、QQ 等社交媒体的发展，传统的新媒体营销方式正在受到两个巨大的挑战：一方面，企业官方微博、官方微信公众号等官方平台往往给人以"高高在上"的感觉，缺乏温度；另一方面，企业很难通过官方平台与用户私聊，引导其购买产品并持续复购。

在这样的背景下，企业必须重视个人账号体系的搭建。

"个人账号体系"也被称为"全员新媒体营销体系"，指的是以新媒体营销部门为核心，行政、生产、物流等各部门人员统一参与，搭建个人社交媒体矩阵，通过个人微信号、个人微博等运营，提升企业整体的新媒体营销效果。

例如，小米公司通过微博进行个人账号体系搭建，公司联合创始人、部门经理、团队成员等分别注册并独立运营其个人微博，如图 4-4 所示。

图 4-4　小米公司个人微博

通过搭建个人账号体系，小米公司至少可以实现以下目的：第一，全员推广产品购买链接，提升产品线上销量（见图 4-5）；第二，全员转发微博活动，增加活动曝光；第三，与用户进行深度沟通，直接获取用户反馈并优化产品。

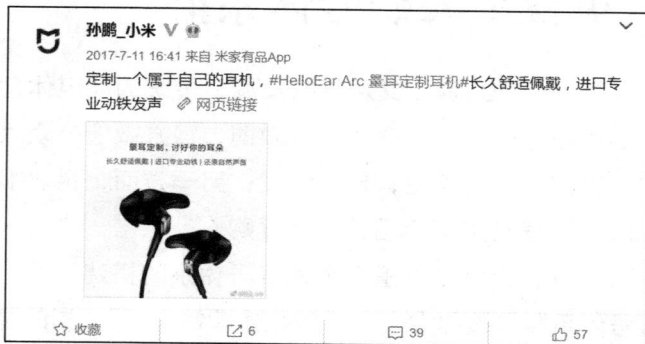

图 4-5　小米团队成员进行产品推广

搭建个人账号体系，需要企业新媒体营销人员在做好官方新媒体账号的基础上，重视两个关键点：筛选成员、规范运作。

1. 筛选成员：必须进行评估，筛选合适的员工加入个人账号矩阵

由于运营个人账号体系需要员工独立进行"发微信朋友圈""拍摄抖音短视频""转发微博活动"等操作，而非新媒体部门的员工对互联网的了解程度参差不齐，因此在搭建个人账号体系时，需要对参与体系的人员进行筛选。个人账号体系的成员一般需要具备以下几个特点。

首先，熟悉微博、微信、知乎、抖音、今日头条等平台，了解平台基本操作。

其次，熟悉互联网语言风格，最好会使用表情包。

再次，了解公司的产品特点、服务体系及企业文化，可以进行准确的描述与传播。

最后，有服务意识与职业素养，不在社交媒体公开抱怨客户或抱怨工作。

课堂讨论

假如这是公司某位同事的微博（见图 4-6），你认为这位同事的微博账号适合加入公司个体账号体系吗？为什么？

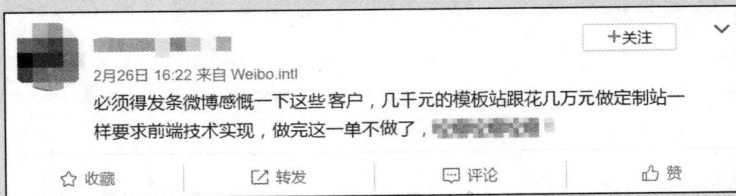

2月26日 16:22 来自 Weibo.intl

必须得发条微博感慨一下这些客户，几千元的模板站跟花几万元做定制站一样要求前端技术实现，做完这一单不做了，

☆ 收藏　　　☑ 转发　　　🗨 评论　　　👍 赞

图 4-6　公司某位同事的微博

2. 规范运作：必须设计规范，培训并监督个体账号的运作情况

在筛选出合适的个人账号成员后，企业新媒体营销团队需要对所有参与者进行多次内部培训，规范个人账号体系的运营工作。以微信个人号的账号体系为例，至少包括以下内容。

（1）设计风格统一的微信形象，如有辨识度的微信头像、带有企业标签的微信昵称等。

（2）组织学习朋友圈撰写技巧，便于更有效地在朋友圈进行产品推广或品牌宣传。

（3）制定微信沟通规范，防止一对一沟通时出言不慎，为企业造成负面影响。

（4）规范内部协作流程，例如在朋友圈发现客户抱怨后，向谁反馈，由谁负责与客户沟通，由谁负责后续维护等。

（5）统一线上转化入口，当客户有购买意向时，能够第一时间将企业官方销售网址发给客户。

本章小结

1. 正因为人的注意力从线下转移到了线上，从传统媒体转移到了网络新媒体，企业的广告投放也必须从传统媒体转移到互联网新媒体。

2. 新媒体运营并非一定要自己开微博、开微信，和他人进行合作、利用他人的新媒体流量为自己的产品引流也是非常合适的。

3. 要对新媒体有全局性的把握，了解不同的新媒体，要创造接触和建立合作的可能。

4. 越是有优质流量，越要精心策划爆款话题，形成口碑社交传播效应。

05 Chapter

短视频营销与运营

通过阅读本章内容，你将学到：

- 短视频赛道有哪些机会
- 短视频账号的运营策略
- 企业级短视频的选题创意方向

// 5.1　短视频赛道有哪些机会

新媒体领域几乎没有永远"火"的平台，从个人网站到博客、贴吧，再到微博、微信等，平均每隔 1～3 年就会诞生一个有影响力的新媒体平台，如表 5-1 所示。

表 5-1　新媒体平台的上线时间

新媒体平台名称	上线时间
微博	2009 年
知乎	2010 年
微信	2011 年
快手	2011 年
今日头条	2012 年
喜马拉雅 FM	2012 年
花椒直播	2015 年
一直播	2016 年
抖音	2016 年

新媒体营销从业者必须对新媒体平台保持关注：一方面，判断现阶段的主流平台，重点运营；另一方面，评估处于上升期甚至可能"爆发"的新平台，提前布局。

随着 5G 网络技术的发展，以抖音为代表的短视频平台纷纷发力，短视频平台逐渐进入上升期。截至 2019 年 1 月，抖音日活跃用户数量已经突破 2.5 亿，月活跃用户数量也突破 5 亿，数据显示，抖音用户还在保持高速增长。回顾微博、微信等平台的发展历程不难发现，处于上升期的新媒体平台往往蕴藏着大量的营销机会，短视频也不例外。

对企业而言，短视频赛道的主要机会主要集中在以下 4 个方面。

1. 电商变现机会：抓住流量上升期销售产品

据极光大数据的《2018 年 Q4 暨全年移动互联网行业数据研究报告》显

示，截至 2018 年 12 月，短视频领域抖音的渗透率达到 37.4%，平均 10 个人的手机里就有将近 4 个人安装了抖音；排在第二位的是快手，其 2018 年 12 月的渗透率为 23.2%；随后是火山小视频、西瓜视频和好看视频。

有用户的地方就有营销机会。企业可以尝试在短视频平台的流量上升期拍摄优质的短视频并直接销售产品。

例如，抖音账号"醉鹅娘"，在发布原创优质内容的基础上尝试进行红酒销售，实现了单月成交三万单的销售业绩，特别是在 2018 年 9 月 9 日，其新品上架 1 小时便售罄，成功售出 7200 瓶红酒，如图 5-1 所示。

图 5-1　抖音账号"醉鹅娘"

2. 品牌曝光机会：小众品牌也有机会快速出名

由于短视频的流量分配是去中心化的，系统会根据用户的兴趣主动推荐用户可能感兴趣的内容，这就使得每个账号理论上都有机会"一夜爆红"。因此，企业可以借此机会充分进行品牌曝光，用更快的速度获得更高的知名度。

例如，2018 年起步的育儿类品牌"妈妈点赞"，通过抖音短视频平台持续输出优质内容，快速从"草根"品牌变为拥有近 100 万粉丝的育儿品牌，单条短视频甚至一夜之间获得 90 万点赞、1.5 万评论，如图 5-2 所示。

图 5-2　抖音账号"妈妈点赞"

3．口碑传播机会：借用户之口提升美誉度

美誉度指一个组织获得公众信任、好感、接纳和欢迎的程度。在新媒体领域，美誉度特指用户对于企业或机构的口碑与评价。由于互联网的开放性与透明性，具有良好口碑甚至"爆棚"口碑往往意味着更大的销售可能性。

例如，抖音曾与西安市旅游发展委员会合作，基于抖音的全系产品宣传推广西安的文化旅游资源；此外，西安市旅游发展委员会也鼓励游客拍摄抖音短视频，宣传西安特色。随后，大量到西安旅游的抖音用户开始拍摄短视频，记录西安古城的"肉夹馍""毛笔酥"等特色美食或美景，如图 5-3 所示。

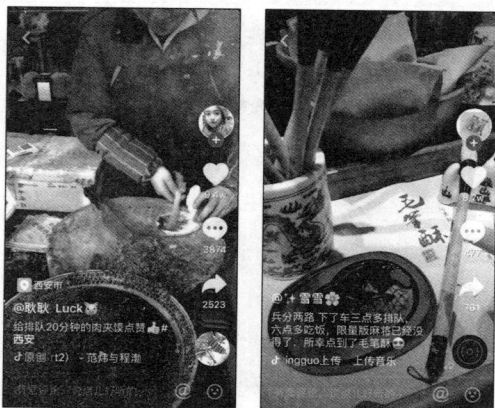

图 5-3　用户视角下的古城西安

借助游客拍摄的大量抖音短视频，西安古城在抖音的美誉度持续提升，同时还有大量用户表示"看起来特别有趣""希望去西安看看"。数据显示，2018 年清明假期，西安全市的游客同比增长近 40%，旅游业总收入同比增长近 50%。

4. 价值宣导机会：快速传递正能量的价值观念

由于法规、政策本身具有严肃性，而短视频本身具有较为轻松的平台氛围，相关机构可以尝试拍摄创意短视频，更好地进行价值宣导或规章制度的传达。

例如，账号"铜陵公安在线"在抖音平台定期发布关于防骗知识、警民关系、政策讲解等相关主题的短视频内容（见图 5-4），获得 128 万用户关注，更有效地进行了价值的宣导。

图 5-4 抖音账号"铜陵公安在线"

课堂讨论

请在抖音搜索"共青团中央"，说说你对哪个短视频的印象最为深刻，为什么？

// 5.2 短视频账号的运营策略

传统的新媒体平台虽然不断推陈出新，但内容与形式变化不大——不论是博客、微博还是微信等，都以图文形式为主。鉴于此，传统的新媒体营销也主要围绕"如何写好软文""怎样写品牌故事""如何写好微信朋友圈"等工作展开。

到了以抖音为代表的短视频时代，内容与形式由图文变为短视频，且内容分发方式变为去中心化的机器推荐，平台的运营策略势必发生变化。

1. 矩阵化运营

矩阵化运营指的是注册并运营一系列短视频账号，每个账号的内容、风格各不相同。

例如，在京东集团的抖音矩阵中，"京东宠物"以展示萌宠的日常状态为主，"京东财富管理"以真人出镜的理财知识讲解为主，"京东生鲜"以生鲜的挑选方法及烹饪技巧分享为主。通过不同定位的账号矩阵吸引不同的人群，最终放大京东品牌的整体曝光量，如图 5-5 所示。

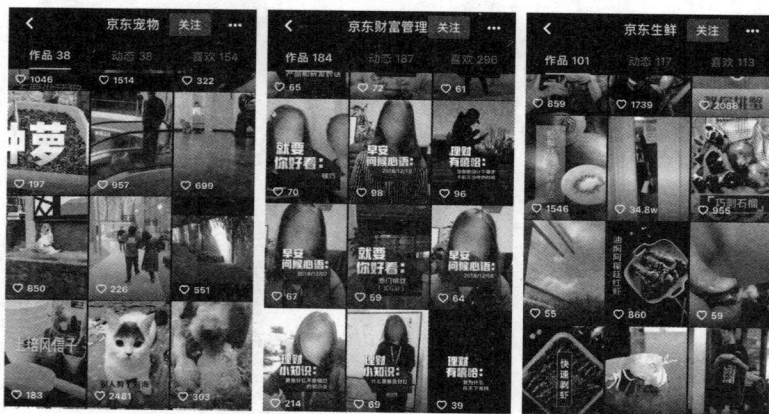

图 5-5 京东集团的账号矩阵

为什么要进行矩阵化运营？

第一，不同账号吸引的用户各不相同，矩阵化运营可以提升企业在短视频平台的整体用户量。

第二，短视频平台的用户往往很难长时间对同一类短视频保持浓厚的兴趣，企业可以尝试账号互推，以减少用户的流失。

第三，短视频平台的审核机制较为严格，账号稍有不慎很容易被封禁或降权，而矩阵化运营可以降低此类风险。

2．项目化运营

现阶段，用户对短视频内容的需求趋于精品化，这就要求企业在运营短视频平台时予以充分的重视，并采用项目化的方式进行运营。

（1）建立专业的短视频团队，至少包括策划组、制作组和运营组三个模块，模块分工如表 5-2 所示。

表 5-2　短视频团队责任分工

模块名称	主要工作
策划组	1. 负责内容选题策划、素材收集 2. 负责撰写策划文档，交予制作组
制作组	1. 负责短视频内容的拍摄工作 2. 负责短视频内容的后期加工
运营组	1. 负责短视频的上传与发布 2. 负责评论区互动，提升粉丝活跃度 3. 负责账号推广及账号内部导流

（2）采用专业的软硬件设备，如收音话筒、旋转手机架、补光灯等；部分场景甚至需要在专业的摄影棚内完成（见图 5-6），以保证短视频的质量。

图 5-6　短视频专用摄影棚

（3）投入专门的推广预算，用于直播送礼、粉丝互动等。此外，企业可以在抖音平台利用"DOU+"功能，把视频推荐给潜在的兴趣用户，以获得更高的曝光量，如图 5-7 所示。

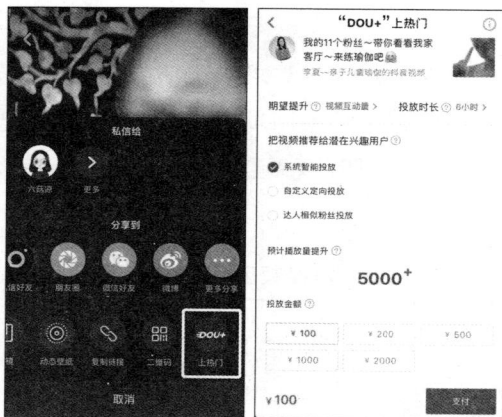

图 5-7 "DOU+"功能

3．系列化运营

当用户在短视频平台发现感兴趣的视频后，可以直接滑动屏幕并进入账号主页。如果账号内容不规律，用户关注的可能性会大大降低；相反，如果该账号的内容上下衔接，按照一定的选题系列化发布，用户极有可能直接关注。

需要企业新媒体团队特别注意的是，系列化运营不仅要求短视频的内容选题系列化，还要求封面图、人物造型等系列化呈现。

例如，"丁香医生"在抖音平台所发布的短视频中，封面图、封面字体、拍摄风格等几乎保持一致，围绕"健康"这一核心选题，从"肩颈酸痛怎么办""空调病是什么病""枕芯到底洗不洗"等不同子选题进行系列化输出，如图 5-8 所示。

图 5-8 "丁香医生"的短视频账号

课堂
讨论

如果你在运营某英语培训机构的抖音账号，如何策划选题，以做好系列化运营？

// 5.3 企业级短视频的选题创意方向

企业短视频营销的第一步是"选题创意"。与个人短视频爱好者不同，企业新媒体营销团队必须围绕企业的营销目标进行选题创意。优质的选题往往既受到用户喜欢，又能巧妙地传递企业的产品信息或品牌理念。

常见的企业级短视频选题创意方向包括以下七大类别。

1．秀出产品，直接展示

如果企业的产品很有趣且自带话题性，直接用抖音展示产品即可。例如，某"网红火锅神器"可以实现一键升降的功能，巧妙解决了用户"涮火锅时总也捞不到肉"的问题——由于该火锅具有话题性，因此直接展示产品本身，马上引来了大量网友的围观，如图5-9所示。

2．策划周边，侧面呈现

如果企业产品与同行产品的外观差别不大，且不具有话题性，则可以尝试从周边产品入手，寻找创意。例如，某比萨店在其周边产品（菜单）上进行创新，直接把比萨原汁原味地印在菜单上（见图5-10）。这条抖音短视频获得了15.5万点赞，大量网友在这条抖音短视频的评论区表示要亲自去比萨店探店。

3．挖掘用途，产品延伸

除了产品和周边产品外，企业也可以继续发挥创意，挖掘产品的更多跨界用途。例如，有网友突发奇想地研究出海底捞"超好吃"的底料搭配法，随后海底捞顺应抖音网友的创意，直接推出一系列"网红蘸料"，直接引发大量网友到店亲自品尝"抖音套餐"，如图5-11所示。

图 5-9 "创意火锅"短视频　　图 5-10　比萨店菜单短视频　　图 5-11　海底捞"网红蘸料"短视频

4．聚焦优势，夸张呈现

对于产品的某个或某几个独有的特征，企业可以尝试用夸张的方式呈现，便于受众记忆。例如，"空间大"是宝马 GT 的卖点之一。为了突出这个卖点，销售人员直接"藏"了 12 个人在车里，让不少观看者印象深刻，如图 5-12 所示。

5．借助场景，尝试植入

为了让用户记住企业的产品，营销团队也可以尝试把产品植入某个生活场景。换言之，某条抖音看起来只是一个生活小窍门或某个搞笑片段，但营销团队在场景中悄悄做了植入——如在桌角放产品、背后有品牌 Logo、背景有广告声音等，这样依然能取得很好的宣传效果。

例如，在短视频中，某服装店内的店员很熟练地整理衣服；但是往后看，用户能看到大大的"H.M"，这就是该品牌的场景植入，如图 5-13 所示。

6．呈现口碑，突出火爆

用户普遍愿意相信其他用户对于产品的使用评价，因此企业可以在抖音展示口碑，从侧面呈现产品的知名度及用户满意度。

可以用来呈现口碑的视频内容包括消费者的排队、消费者的笑脸、与消费者合作的舞蹈、被消费者打爆的预约电话等。

图 5-12　宝马 GT 短视频

图 5-13　H.M 场景植入短视频

例如，火遍抖音的"答案奶茶"经常晒出店门口的火爆场面，彰显其火爆程度，如图 5-14 所示。

7．曝光日常，传播文化

除了产品质量、服务水平以外，消费者往往还会关注企业的文化。如果两家企业的产品相似，一家企业的员工热情似火、工作富有激情，另一家企业的员工待人冰冷、充满人事斗争，消费者自然更愿意选择前者。

因此，企业也完全可以在抖音中呈现办公室文化、员工趣事等。例如，小米的抖音账号之一"小米员工的日常"在春节前发出一系列办公室趣味抖音视频，看起来只是发年终奖、春节加班、发开年红包等场景，但依然有大量网友围观并点赞，如图 5-15 所示。

图 5-14　"答案奶茶"排队场景短视频

图 5-15　"小米"的办公场景短视频

课堂
讨论

你还发现哪些让人印象深刻的企业级短视频？找到该短视频，分享给大家。

本章小结

1. 有用户的地方就有营销机会——企业可以尝试在短视频平台的流量上升期拍摄优质的短视频，并直接销售产品、展示品牌。

2. 短视频时代的内容与形式由图文变为短视频，且内容分发方式变为去中心化的机器推荐，企业需要注意矩阵化、项目化、系列化运营。

3. 企业新媒体营销团队必须围绕企业的营销目标进行选题创意。优质的选题往往既受用户喜欢，又能巧妙地传递企业的产品信息或品牌理念。

06 Chapter

内容分发平台运营

通过阅读本章内容，你将学到：

- 内容分发平台的算法推荐机制
- 内容分发平台的运营策略
- 内容电商的关键点
- 主流内容分发平台

// 6.1 内容分发平台的算法推荐机制

内容分发平台指的是根据一定的分发规则进行内容呈现或推荐的新媒体平台。根据分发规则的不同，内容分发平台可以分为基于人工分发型、基于用户分发型和基于算法推荐型三大类别。

早期的内容分发平台多数属于基于人工分发型平台，例如门户网站"新浪网"，其各栏目的内容就是由编辑进行人工审核后推荐到首页的，如图 6-1 所示。

图 6-1 新浪门户首页

微信公众平台是较为典型的基于用户分发型内容平台。用户只要关注某微信公众号，就能收到该公众号的内容推送。换言之，关注某微信公众号的用户增多，其内容阅读量也会随之增加。

现阶段，各大互联网公司开始纷纷布局基于算法推荐型内容平台，如今日头条推出的头条号、百度推出的百家号、阿里巴巴推出的大鱼号等。在 2017 年年初，百度公司董事长兼首席执行官李彦宏在内部演讲中也谈到了此类内容分发平台的价值："过去传统的搜索是人在找信息，现在要逐渐演进到信息找人。人在没有主动表达他的信息时，我们就已经能够猜出来这是他喜欢的、这是他需要的信息。如何能够很方便、高效地分发给这些需要和感兴趣的人，这个也是在内容分发形式上一个新的机会和挑战。"

基于算法推荐型内容分发平台，其算法推荐机制包括三部分。

1．用户浏览信息抓取

平台会记录每一位用户的浏览数据，如用户点击较多的频道、各类文章的阅读速度、点赞内容的类别等。

2．用户阅读习惯分析

平台开始针对已经抓取的用户浏览信息，对用户进行分析并判断其感兴趣的内容。

例如，某用户在进入平台首页后，只点击进入科技类文章且能认真完成每篇文章的阅读，该用户点击美食、军事等类目的文章后马上关闭，则平台会"猜测"用户喜欢科技文章；随后，平台开始继续根据用户的浏览习惯，"猜测"其喜欢科技类之下的哪一个子类别，进一步细化分析。

3．内容信息智能分析

除了分析用户外，平台也会对每一篇文章进行智能分析，一方面根据文章原创度、垂直度等信息判断内容质量；另一方面抓取内容的主要信息，为其加上标签，便于后续分发推荐。

例如，在文章《如何利用互联网，让好工作主动来找你？》发布后，今日头条平台自动分析并为该篇文章加上"自媒体""文章""市场营销""工程师""科技"等标签，如图 6-2 所示。

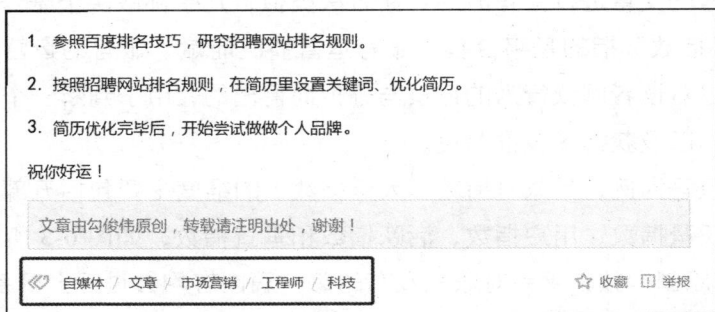

图 6-2　今日头条的内容分析

在对用户及内容进行信息抓取与分析后，平台会根据算法进行内容推荐。与以微信公众平台为代表的基于用户分发型内容平台不同，用户不需要关注某账号，系统会根据其浏览喜好自动推荐用户可能感兴趣的内容。

请打开今日头条并在首页点击 10 篇感兴趣的内容进行阅读，随后再次打开首页，看看系统是否为你自动推荐了相关内容，并分享给你的同学。

// 6.2 内容分发平台的运营策略

基于算法推荐型内容分发平台，其内容阅读量不取决于账号粉丝数，而是取决于平台推荐数——运营者只有在平台规则之下策划出优质内容，才有可能被平台推荐到更多用户的面前。

因此，内容分发平台的运营重点有两个：第一，时刻关注平台的最新规则，了解影响内容推荐效果的各项因素；第二，策划出平台鼓励的优质内容，以获得更好的阅读效果。

1. 影响推荐效果的因素

虽然大鱼号、百家号等平台分别有各自的智能推荐算法，但是在判断是否对某账号的文章进行推荐时的判断方法类似，几乎都取决于账号指数。

"账号指数"指的是平台基于账号运营情况而赋予账号的运营分值，它由平台通过对读者阅读行为的记录与分析而得出的，用于判断一个账号是否值得被推荐以及获得多少推荐量。

以大鱼号为例，其账号指数（大鱼指数）的维度主要包括五部分，即原创指数、质量指数、用户指数、活跃指数和垂直指数，如图 6-3 所示。

（1）原创指数：平台对账号发布的每一篇内容均会进行全网系统识别，并根据账号发布的内容进行整体原创度计算，从账号在平台创作者群体内原创度的相对位置评估出其原创指数。

图 6-3　大鱼指数

（2）质量指数：平台对账号发布的每一篇内容均会进行质量算法模型定性，并根据账号发布的内容进行整体质量度计算，从账号在平台创作者群体内质量度的相对位置评估出其质量指数。

（3）用户指数：平台通过对读者的阅读行为特征进行分析，对账号发布的内容进行用户维度指标的综合计算并得出该项分值。用户指数客观反映了读者对账号所发布的内容的整体关注程度、兴趣程度以及认可程度。

（4）活跃指数：体现账号在平台的创作活跃程度，平台将根据账号阶段性的内容创作产量、日均创作产量计算其活跃指数。

（5）垂直指数：体现账号在平台的创作内容的专注程度，平台将根据账号阶段性创作内容覆盖领域的分散程度，以及与账号所注册的领域的关联程度，评估其内容垂直指数。

2．内容分发平台的运营

在了解影响推荐效果的因素后，运营者需要策划出平台所鼓励的优质内容，争取获得更多的系统推荐。

第一步：选择擅长的领域

在账号注册阶段，运营者需要在内容分发平台的"领域"处选择某一创作领域（见图6-4）。运营者最好选择自己最擅长的领域，随后在该领域中持续创作原创内容，以提升账号的原创指数及垂直指数。

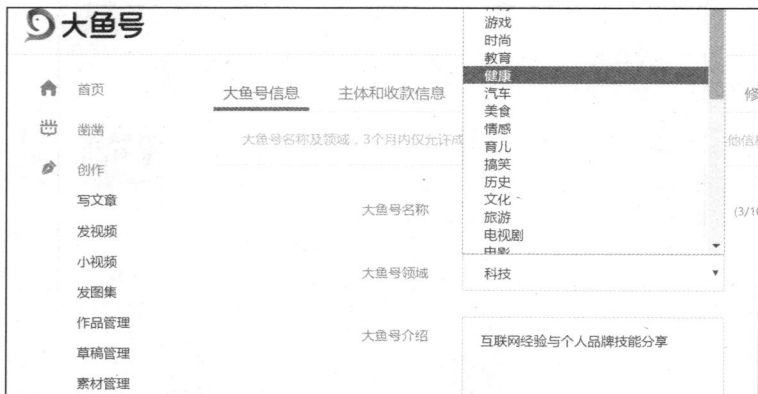

图 6-4　领域选择

课堂
讨论

　　假如你在运营某考研机构的大鱼号账号，发布以下哪些文章不利于提升垂直指数？

　　A.《复盘：我是如何考上研究生的？》

　　B.《春季旅游去哪里？这5个城市一定要去！》

　　C.《国内十大知名考研机构盘点》

　　D.《用手机拍美食怎么拍出诱人的图片？》

　　E.《本科学习通信类专业，研究生考哪里？》

　　第二步：保持更新规律

　　运营者需要坚持每日更文，且每篇文章在固定的时间段进行发布，避免出现"一次性发布7篇文章，随后一周内不发文"的不规律发文状态，以提升账号活跃指数。

　　第三步：优化内容细节

　　在内容平台撰写文章后，运营者需要对其标题、配图、排版等细节重点打磨，提升账号的质量指数；此外，在文章结尾加入引导互动的问题（见图6-5），文章推送后及时回复用户评论，以提升用户指数。

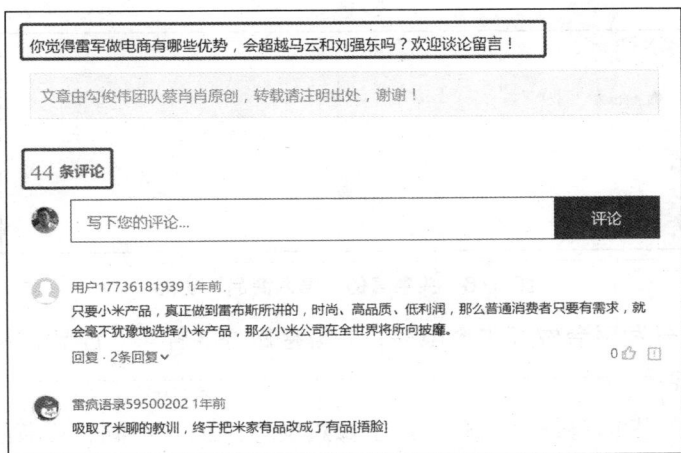

图 6-5　文章结尾引导用户互动

　　百家号的账号指数由五个要素决定，包括内容质量、原创能力、活跃表现、领域专注、用户喜爱。请登录"百家号"，说说这五个要素与大鱼指数五要素有何异同。

// 6.3　基于内容分发平台的内容电商

　　内容电商指的是以消费者为中心，以触发情感共鸣的内容为原动力，通过优化内容创作、内容传播和销售转化机制来实现内容及产品的同步流通与转化，从而提升营销效率的一种新型电商模式。

　　在内容电商时代，用户的线上购物行为发生了极大的变化——过去往往是在有购买需求时浏览淘宝、京东等电商平台，仔细比对并下单；而现在，用户极有可能在没有购买需求的情况下阅读某篇文章，受到文章内容的感染后一键点击下单。鉴于此，各大内容分发平台纷纷加入电商模块，使运营者可以像插入图片一样在文章中直接插入商品（见图6-6），引导用户购买。

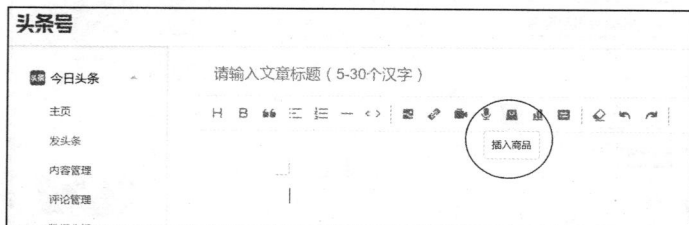

图 6-6　头条号的"插入商品"功能

在内容分发平台做好内容电商，关键是做好 3 件事：选品、内容、数据。

1. 选品

"选品"指的是产品选择。由于每篇文章的内容不同，运营者需要选择最符合文章调性的产品，促进用户点击与购买。例如，某育儿类文章《5 分钟搞定补铁又补钙的辅食，宝宝 10 分钟吃光光》描述的是关于宝宝辅食的快速制作方法，在文章末尾插入某蔬果调味料的广告（见图 6-7），该产品与文章正文无缝衔接，达到了较好的转化效果。

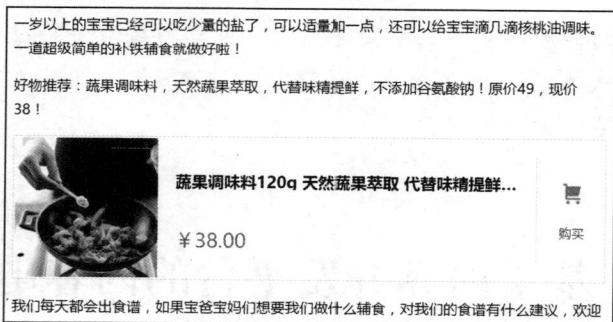

图 6-7　内容电商的选品

2. 内容

做内容电商，内容是载体，电商是目的。在用户暂无购买需求的情况下，运营者需要通过内容营造出场景，使用户在场景中产生喜悦、感动等情绪，进而点击下单。

例如，某美食类文章《夏天了，你们都在排队吃瓜，我却迫不及待地等着吃它》，在开头通过"天气越来越热了""夏天让人汗津津的不好受"等文字塑造夏季的炎热场景，随后进行场景切换，用"水果们在夏天排着队地成熟""西瓜早已经被大家盼得不耐烦"等文字让读者仿佛置身于夏季吃水果的凉爽场景，接着引出黄桃罐头的介绍及购买链接。如果没有开头对于夏季场景的描述，最终广告的转化效果会大打折扣。

课堂
讨论

　　假如你要在内容分发平台销售一款护眼台灯，打算如何设计文章，引出台灯购买链接？

3. 数据

　　与淘宝、京东等其他传统电商平台类似，在内容分发平台做内容电商时，也需要进行数据监测，记录阅读量、跳出率、销售量等，并计算出转化率、转化提升率等数据，便于优化后续发文及选品工作。

课堂
讨论

　　以下传统电商数据应该对应哪些内容电商数据？请在表 6-1 中连线。

表 6-1　数据连线

传统电商数据		内容电商数据
页面浏览量		文章阅读时间
网店跳出率		文章阅读量
单页转化率		文章跳出率
页面停留时间		内容转化率

// 6.4 主流内容分发平台

　　虽然内容分发平台包括基于人工分发型、基于用户分发型和基于算法推荐型三大类别，但前两种类别逐渐成为传统的内容分发平台；现阶段谈到"内容分发平台"，一般默认是基于算法推荐型内容分发平台。

2016 年，内容分发平台的竞争进入白热化阶段，各大互联网公司入局，提供诱人的奖励计划并鼓励创作者入驻（见图 6-8）。目前主要的内容分发平台包括头条号、大鱼号、百家号、企鹅号、搜狐号、大风号及网易号等。

图 6-8　部分内容分发平台的奖励计划

1．头条号

头条号曾命名为"今日头条媒体平台"，是今日头条旗下的内容分发平台，致力于帮助企业、机构、媒体和自媒体在移动端获得更多曝光和关注，在移动互联网时代持续扩大影响力，同时实现品牌传播和内容变现。

2．大鱼号

大鱼号是阿里大文娱旗下的内容创作平台，为内容生产者提供"一点接入，多点分发，多重收益"的整合服务。该平台可以提供阿里文娱生态的多点分发渠道，包括 UC、土豆、优酷等。

3．百家号

百家号是百度为内容创作者提供的内容发布、内容变现和粉丝管理平台，于 2016 年 6 月启动并正式内测；9 月，其账号体系、分发策略升级、广告系统正式上线；9 月 28 日，百家号正式对所有作者全面开放。

4．企鹅号

企鹅号是腾讯旗下的一站式内容创作运营平台，致力于帮助媒体、自媒体、企业、机构获得更多曝光与关注，持续扩大品牌影响力和商业变现能力。2017 年 11 月 8 日，企鹅号宣布全新升级并成为腾讯"大内容"生态的重要入口，内容创作者生产的内容可以通过微信、QQ、QQ 空间、腾讯新闻、天天快报、QQ 浏览器、应用宝、腾讯视频、NOW 直播、全民 K 歌十大平台进行分发。

5. 搜狐号

搜狐号是在搜狐门户改革背景下全新打造的分类内容的入驻、发布和分发全平台，是集中搜狐网、手机搜狐网和搜狐新闻客户端三端资源大力推广媒体和自媒体内容的平台。

6. 大风号

大风号原名"凤凰号"，是凤凰新闻客户端旗下的自媒体产品。2017 年年底，凤凰新闻客户端宣布启动"大风计划"，"风系"产品矩阵也是凤凰新闻客户端未来发展的重点之一。2018 年 2 月，凤凰新闻客户端宣布旗下的自媒体产品"凤凰号"更名为"大风号"。

7. 网易号

"网易号"是以"各有态度"为主张的内容分发平台，致力于为用户提供丰富、海量的品质内容和视频服务，为内容生产者提供从内容分发、用户连接到品牌传播、商业化变现的一揽子解决方案。

课堂讨论

以上七大内容分发平台是当前较主流的平台。除此之外，你还听说过哪些内容分发平台？

本章小结

1. 与微信公众平台不同，用户不需要关注某基于算法智能推荐的内容分发平台账号，系统会根据用户浏览喜好自动推荐其可能感兴趣的内容。

2. 运营内容分发平台，运营者需要关注平台的最新规则，了解影响内容推荐效果的各项因素，然后策划出平台鼓励的优质内容。

3. 在内容分发平台做好内容电商，关键是做好 3 件事：选品、内容、数据。

07 Chapter

新媒体负面效应及
网络舆情管理

通过阅读本章内容，你将学到：

- 新媒体的负面效应
- 网络谣言和网络暴力的形式
- 网络舆情管控要求

// 7.1 新媒体带来的负面效应

新媒体极大地促进了人类社会的传播和互动，带给人们传递信息的便捷和自由。但新媒体也因为传播渠道多、扩散速度快，导致一些低俗的信息、网络谣言快速传播，一些侵犯知识产权的行为迅速扩散，从而导致一些负面效应。

1. 新媒体对语言环境的影响

每年新媒体上都会有一些网络热词，如 2016 年奥运会上傅园慧的"洪荒之力"（见图 7-1）。此外新媒体还传播了流行的网络语言及一些低俗性的语言。

这些超越常规的网络语言随着网络技术的发展，仍然浮荡在不断追求个性、不断追求创新的洪流中。网络语言在丰富现代汉语的同时，也给现代汉语的规范和发展带来很大的挑战。

图 7-1 拥有"洪荒之力"的傅园慧

简单草率的网络语言对中国语言文化的优雅内涵造成了巨大冲击，网络上语言中的戾气给人带来的心灵污染也不可低估。

课堂讨论

你能列举一些网络上经常使用的低俗或对原意、原文进行改变的热词吗？你怎么看待这一现象？

2. 新媒体对阅读习惯的影响

网络是新一代年轻人最青睐的信息传播媒介，伴随着网络长大的青年人受到的影响最大。

首先是阅读方面受到的影响。过去人们习惯阅读报纸和观看电视，现在人们几乎不读报纸，也很少看电视，人们已经习惯于从网络获得新闻及相关信息。

互联网络信息量虽然大、交互性强，但是信息却良莠不齐。人们在阅读的时候常常是快速地穿梭过一个又一个信息，只关注标题，而失去了心平气和阅读的耐心，造成现在的人们容易受标题党和朋友圈刷屏文的影响，高质量的阅读内容到达受众反而越来越难。这种阅读习惯影响到书面阅读，也造成追求文字表面刺激的网络小说的流行，经典文学反而容易被忽视。

其次是写作习惯受到的影响。在过去的书面阅读学习过程中，人们养成了书写和查阅工具书的习惯，而如今的学习中，复制是常用的方法。不管什么作业，人们都先通过搜索引擎查找资料，然后复制、粘贴。长时间这样，不但养成了一定的惰性，还大大降低了独立学习的能力，也容易导致盲目引用低劣信息源的信息。

课堂讨论

你在新媒体阅读方面受标题的影响吗？你订阅过文字内容质量高的微信公众号吗？你最近阅读的小说是网络小说还是经典小说？你写文章依赖搜索引擎吗？

3．新媒体对工作习惯的影响

新媒体对人们工作方面最大的影响是造成人们注意力的分散。不断出现的弹窗新闻、邮件消息、QQ 消息、微博消息、微信消息等，让工作中的人被迫中断当下的工作，去响应所谓的热点或者点击提醒消息，以防错过紧急事件。这种工作习惯导致了工作效率的下滑，久而久之势必造成人们难以长时间专注于某个领域学习和工作的问题，造成工作能力的下滑。

甚至有人沉迷于网络游戏，不仅大量占用自己正常的休息时间玩游戏，而且在工作和学习时偷玩游戏，导致事业和学业荒废。

课堂讨论

你有被不断的消息提醒干扰学习或工作的经历吗？你有熬夜玩游戏导致影响第二天的工作或学习的经历吗？你怎样看待以上现象？

4．新媒体对人际交往的影响

由于网络和手机等新媒介的出现，传统的人际交往方式发生了翻天覆地的改变：传统的书信没有了，取而代之的是微信语音；传统面对面的交流方式也被 QQ、微信视频交流所取代。平时人们都在朋友圈里点点赞、发发评论，节假日人们不再来回走动，也不再动手写书信，网上铺天盖地的祝福语言，只要打开计算机或者动一下手指划动手机屏幕就可以把消息转发出去了。

一部分人过于依赖网络，缺乏实际与人交往的能力。不良的人际交往习惯不仅会出现视力下降、颈椎病等各种健康问题，严重的甚至会导致抑郁症和孤独症等。

课堂讨论

你认为新媒体是拉近了人和人的距离，还是让人和人的互动变得高频但廉价了？你能举例说明你的观点吗？

5．新媒体对社会安定的影响

随着网络日益深入生活的各个领域，人类社会也将逐渐过渡到以互联网为基础的社会，与网络有关的犯罪问题也越来越严重。网络骗子利用人性的弱点不断升级各种诈骗行为并屡屡得手。新媒体的先进性为犯罪分子提供了更先进、更隐秘的犯罪渠道。由于网络的开放性和虚拟性特点，网络诈骗案侦破难度增大，对人们的生活带来了极其严重的影响，也给社会的安定带来了很大的影响。

此外，网络销售中常见各种夸大其词的虚假宣传，商家利用巨额奖金或者奖品诱惑消费者浏览其网站，或者以低价为噱头进行宣传，还有一些不法商家做一些不正当交易，导致消费者上当受骗，财产遭到损失。

实战训练

你遇到过网络诈骗吗？如果有，请和同学们分享一下你遇到的骗局。

// 7.2 网络舆情的应对及调控

互联网以其即时、互动、信息量大等特点为民意表达提供了一个便捷平台。中国互联网络信息中心于 2016 年 7 月发布的《2016 年中国互联网络发展状况统计报告》数据显示，截至 2016 年 6 月，我国网民规模达 7.10 亿，手机网民达 6.56 亿，我国网民尤其是手机网民呈现"井喷"现象。

在这个"人人都是通讯社"的时代，许多社会舆论事件都是始于网络，并产生巨大的社会影响。随着我国社会转型的深化，一些社会矛盾开始突显，这些社会矛盾很容易借助新媒体传播放大，造成网络舆情失控。

1. 网络舆情管理

互联网赋予了公众参与社会管理、发挥舆论监督的权利，促使网络舆情快速发展。但同时，一些虚假、有害的信息和错误的观点也充斥其中，扰乱了网络舆论功能的正常发挥。如果听任其无序发展，不但会破坏网络和谐、中伤无辜，也会对个体正当利益造成损害，因此，网络舆情管理在此背景下也被提上日程。

互联网作为一个交互性极强的媒体，每时每刻都在进行着大量的信息更新，既有对传统媒体信息的转载和网络媒体自行采编的信息，又有网民提供和发布的大量信息，它们以最快的速度和最大的容量反映社会动态变化信息的同时，也集纳了社会各个不同层面群体的立场和观点、意见和建议、情绪和诉求。

建立及时、准确、全面的互联网舆情报告制度，将网上所反映出的社会问题、热点事件、网民情绪、公众意见等快速报告给各级政府，以便决策者采取相应措施，对于树立信息透明、反应及时、处置公平的政府形象是有重大意义的。

此外，部分媒体在网络时代为了追求收视率，对网络热点事件加以炒作，打着伸张正义的旗号，披着关怀弱者的外衣，理直气壮地追求新闻的冲突价值，这也是造成网络舆情复杂多变的原因之一。

2. 网络谣言

互联网匿名性所带来的网上信息无序是客观存在的，网上的有害信息时常因为匿名而不容易被追究，导致网络谣言四处传播。

网络谣言是指通过网络介质（如网络论坛、社交网站、聊天软件等）而传播的没有事实依据的，带有攻击性、目的性的话语，主要涉及突发事件、公共领域、名人要员、颠覆传统、离经叛道等内容。

谣言传播具有突发性且流传速度极快，因此对正常的社会秩序易造成不良影响。2013 年 9 月 9 日，最高人民法院和最高人民检察院公布的《最高人民法院、最高人民检察院关于办理利用信息网络实施诽谤等刑事案件适用法律若干问题的解释》，明确了网络谣言在什么情况下构成犯罪。

谣言与语言同时诞生，从这个意义上看，谣言是社会生活中不可避免的现象。当信息流动足够公开透明，主流舆论坚持追求真相、依据事实报道时，谣言就会不攻自破；当信息流动不均衡、信息发布不及时、信息披露不透明时，谣言就会泛滥。打击网络谣言，一方面要求政府和媒体说实话、说真话，用实实在在的言行粉碎一个个谣言；另一方面要加强公民对网络信息的鉴别能力，理性看待，冷静分析，在传播过程中对网络谣言进行辨别和抵制。

网络谣言之所以广泛传播的原因主要有以下几点。

- 社会媒体公信力缺失，为谣言的产生和传播提供了温床。
- 公众科学知识的欠缺，为谣言的传播提供了可乘之机。
- 社会信息管理的滞后，为谣言的传播提供了机会。
- 网络推手炮制谣言，强化了谣言的扩散力，挟持了网民的意见。
- 商业利益的驱动，是谣言滋生的经济动因。

课堂讨论

　　你最近听过的哪件网络热点事件事后被证明是网络谣言？你是如何知道真相的？

3．网络暴力

网络媒体所具有的双向互动性和言论随意性等特点，导致网民容易产生非理性情绪，而这种情绪一旦扩展，网络上的群体行为往往容易演化成对少数人的语言暴力，如果对此不加控制，则势必导致网络虚拟社会的不良倾向和不良情绪的蔓延，这是全世界应对网络媒体时都需要面对的问题。

网络暴力就是网络不良情绪的典型形式，它是一类在网上发表具有伤害性、侮辱性和煽动性的言论、图片、视频的行为现象，人们习惯称之为"网络暴力"。

网络暴力不同于现实生活中的暴力行为，它是借助网络的虚拟空间，用语言文字对人进行伤害与诬蔑。这些恶语相向的言论、图片、视频的发表者，往往是一定规模的网民因网络上发布的一些违背人类公共道德和传统价值观念以及触及人类道德底线的事件所发的言论。

网络暴力根源很多：一是网民的匿名性，网络上缺乏制度和道德约束；二是一些网民的素质不高；三是社会中存在的不公平现象；四是法治与精神文明建设滞后。

4．网络舆情监控

随着互联网的快速发展，网络媒体作为一种新的信息传播形式已深入人们的日常生活。网友言论活跃度已达到前所未有的程度，不论是国内还是国际重大事件，都能马上形成网络舆论。网民通过网络来表达观点、传播思想，进而产生巨大的舆论压力，达到任何部门、机构都无法忽视的地步。可以说，互联网已成为思想文化信息的集散地和社会舆论的放大器。

网络舆情监控是指通过对网络各类信息汇集、分类、整合、筛选等技术处理，再对网络热点、动态、网民意见等形成实时统计报表的一个过程。

各种舆情监控系统的工作流程基本相同，大致如下。

（1）网络信息采集系统从互联网上采集新闻、论坛、博客、微博、微博评论、微信公众账户、新闻客户端评论等舆情信息，存储到采集信息数据库中。

（2）舆情分析引擎负责对采集到的信息进行清洗、智能研判和加工，分析结果保存在舆情成果库中。舆情分析引擎依赖于智能分析技术和舆情知识库。

（3）舆情服务平台把舆情成果库中经过加工处理的舆情数据进行公布。

（4）工作人员通过舆情服务平台浏览舆情信息，通过简报生成等功能完成对舆情的深度加工和日常监管工作。

本章小结

1．新媒体信息丰富多样、难以监管，传播渠道多，扩散速度快，也会导致一些低俗的信息、网络谣言快速传播，一些侵犯知识产权的行为也容易借助新媒体扩散，这也是新媒体带来的一些负面效应。

2．在"人人都是通讯社"的时代，许多社会舆论事件都始于网络，并产生巨大的社会影响。随着我国社会转型的深化，一些社会矛盾开始突显，这些社会矛盾很容易借助新媒体传播放大，造成网络舆情失控。

3．网络谣言和网络暴力是网络舆情方面的两大公害。

08 Chapter

案例篇

通过阅读本章内容，你将学到：

- 新媒体不同行业的运营案例
- 尝试为不同行业进行新媒体运营的策划

// 8.1 案例一：可口可乐

1. 案例背景

2012 年，可口可乐在澳大利亚推出了名为 Share a Coke 的宣传活动，印在可乐瓶、可乐罐上的名字是澳大利亚最常见的 150 个名字。于是，2013 年夏季，可口可乐在中国推出了昵称瓶活动，昵称瓶在每个可口可乐瓶子上都写着"分享这瓶可口可乐，与你的××××"。昵称瓶迎合了中国的网络文化，以新媒体为主平台，开启个性化的昵称瓶定制，实现当季可口可乐独享装的销量较上年同期增长 20%、超出 10% 的预期销量的增长目标。

2. 昵称瓶项目执行

（1）第一波：借助媒体、明星、微博、微信等关键意见领袖进行新媒体内容的传播。

5 月 28 日，悬念海报预热开启，合作的媒体、意见领袖、忠实粉丝放出一系列悬念图片，5 月 29 日进行全网大揭秘。5 月 29 日之前，可口可乐陆续给一部分有影响力的明星、"草根"微博大号赠送了印有他们名字的昵称瓶，为达到惊喜的效果，这些活动没有事先通知。于是他们纷纷在微信、微博等新媒体社交媒体上晒出自己独一无二的可口可乐定制昵称瓶。

（2）第二波：围绕代言人持续在线下和线上新媒体平台炒热话题，使话题升温。

6 月 9 日，五月天深圳"爽动红 PA"演唱会正式公布快乐昵称瓶夏季活动全面展开。在五月天"爽动红 PA"演唱会现场，利用手机应用软件"啪啪"同步录音发布，并通过微博、微信等新媒体预告线下活动行程；同时活动现场摆放定制昵称瓶的机器，现场打印昵称瓶标签，消费者可以印上自己的名字、昵称等，实现了线上线下的整合，从线上导流到线下，粉丝线下拿到瓶子后再到线上晒照片，二轮传播，形成了一个线上到线下再到线上的闭环。

（3）第三波：从衣食住行等方面的跨界合作带动在线声量，实现全包围式传播。

可口可乐与新浪微钱包合作，在活动的 7 天内，每天接受一定数量的定制瓶，邮费 20 元。第一天放出 300 瓶，一个小时被订光；第二天放出 500 瓶，半个小时被订完；第三天放出 900 瓶，只用了 5 分钟被订完；第四天放出的 300 瓶可口可乐在 1 分内被抢光；后来的几天都是几秒就被抢光。

可口可乐与快书包合作，24 瓶凑齐一起卖，满足那些有收藏爱好的人；与小肥羊合作，给当日进餐过生日的消费者赠送定制瓶；与 1 号店建立合作，消费者购买一定数量的可口可乐就可以在 1 号店免费定制属于自己或朋友的昵称瓶。

2013 年，昵称瓶获得口碑与销量的巨大成功。2014 年夏季，可口可乐又推出歌词瓶，将流行歌曲的歌词印在瓶身和易拉罐上，如图 8-1 所示。在歌词瓶的助推下，其中国业务增长达到了 9%，仅在 2014 年 6 月一个月内，歌词瓶即在上一年同期双位数增长的基础上，为可口可乐带来 10%的增幅。

图 8-1　可口可乐歌词瓶

3．歌词瓶项目执行

（1）针对意见领袖进行定制化产品投放，利用明星的粉丝效应和关键意见领袖在新媒体社交网络的活跃度和影响力，制造信息传播高点。

（2）通过社交媒体引发活跃粉丝的跟进，进而利用新媒体的扩散作用影响更多普通消费者的微博端，消费者转发微博加上"#可口可乐歌词瓶#"标签并@小伙伴就有机会获得一个专属定制瓶。同时，粉丝们也正围绕话题"最打动你的歌词"，自发地分享最喜爱的歌词给自己带来的美好回忆。

（3）在微信端，用户通过扫描可口可乐瓶子上的专属二维码进入微信页面，在听歌的同时还能看到一段根据歌词创作的 Flash，短短数秒却充满新奇，激起消费者购买第二瓶一探究竟的欲望。

4．从昵称瓶到歌词瓶的营销启示

（1）营销理念和品牌定位一脉相承。从昵称瓶到歌词瓶再到台词瓶，是可口可乐"流动性传播和策略性连接"营销理念的传承，把瓶身社交化做得越来越细、越来越深，同时始终秉持其"快乐和分享"的品牌定位，塑造了个性化的统一品牌形象。

（2）以新媒体为主要传播阵地，让用户主动参与，实现从消费者印象到消费者表达，充分挖掘目标消费者的想法、感受，将品牌理念与之建立连接，制造了更多的空间供消费者讨论，维持话题热度，引导讨论但不生硬地主导舆论，而是让用户创造内容，自主参与帮助品牌扩大影响力，加强深度关系。

（3）利用名人效应和粉丝效应，发动自媒体参与新媒体平台传播，充分发挥关键意见领袖的影响力，形成口碑传播。在社交媒体上，每个人都是自媒体，关键意见领袖本身具有很大的影响力。除了有影响力的关键意见领袖和明星外，可口可乐也非常重视与忠实粉丝的互动。

（4）跨界合作，线上线下整合，形成 O2O 的营销闭环。在微博上定制一瓶属于自己的可口可乐，从"线上"微博定制瓶到"线下"消费者收到定制瓶，继而通过消费者拍照分享又回到"线上"，O2O 模式让社交推广活动形成一种长尾效应。

（5）遍地撒网，全媒体覆盖，结合热点有节奏地维持话题热度。通过全网全覆盖的方式，可口可乐陆续推进各项活动，使面向的各个消费者都成为品牌传播的一分子。新媒体有话题破碎、易逝的特点，消费者不再是单纯的受众，而是已经完全参与到品牌的传播与塑造中，成为品牌的推广者。在话题热度下降时，可口可乐又持续推出新的活动方案，有节奏地维持话题热度。

（6）定制背后的逻辑是"与我相关"。昵称瓶可以定制自己的昵称，歌词瓶可以定制自己喜欢的歌词，所有定制设计和"疯抢"背后的支撑都是"与我相关"。包装定制是定制化的开始，人们往往会分享"与我相关"的事或物，由此会再引起一轮传播。

假如你是可口可乐中国区的市场负责人，现在要策划一个以 2019 "猪年"为主题的营销方案，目的是提高可口可乐在中国的知名度并彰显可口可乐年轻、有活力的精神，可以瓶、罐包装印为切入点想一个创意，并想一想该项目如何执行以及如何传播。

// 8.2 案例二：海底捞

前些年，互联网突然出现了许多赞扬海底捞优质服务的各种夸张段子，如服务员送贺卡、送鲜花、送房子、送汽车等。图 8-2、图 8-3 所示为海底捞的附加服务。这些段子通过在微博、微信等社会化媒体传播逐渐成为"海底捞体"。"人类已经无法阻止海底捞"的口碑神话在新媒体上越传越广。

"人类已经无法阻挡海底捞"，这句话像病毒一样在网络上迅速扩散，逐渐成为一种风潮，好事的网友们编出了各种海底捞惊奇服务，出现了各种版本的海底捞服务传奇，从而引发了海底捞在新媒体上的传播热度。

用户在海底捞前期的口碑营销中积累下来的对海底捞品牌的好感度渐渐转为疑惑，意见领袖们编写的海底捞段子让部分用户在对海底捞的盲目推崇中醒悟过来，这个过程的转化耐人寻味。

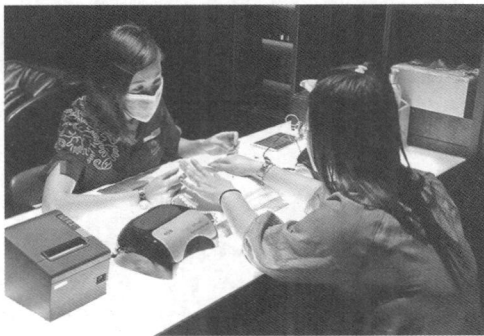

图 8-2　海底捞提供的美甲服务

图 8-3　海底捞提供的戏曲服务

海底捞无疑是利用社会化媒体完成了一次典型的口碑营销，用户、广告、意见领袖共同主演了这一出《人类已经无法阻止海底捞》的戏。"极致产品与服务+适合"的营销手段，爆发了一场互联网上的营销狂欢，也算是一个成功的口碑营销案例。

从海底捞"不可阻挡"的信息源头看，当口碑营销借势互联网社会化媒体扩散后，信息传播就如虎添翼了。在新媒体平台上，信息的传播速度和广度非常惊人，一条信息能在几天之内引发几百万人浏览，众多网友在原有信息基础上进行二次加工并主动传播，造成二次甚至三次传播。微博上的一些大 V 用户对海底捞服务进行体验，主动转化传播，爆发了信息的巨大能量。

企业一方面可以通过微博进行口碑营销，另一方面也可以利用微博收集用户的负面评价，然后分析并予以解决。

口碑营销的前提是要有极致的产品及服务，再配合新媒体的传播扩散，用户就会主动参与到口碑营销中来。口碑营销更加真实，普通人讲述消费过程更能赢得他人的信任。口碑营销对打造品牌的形象非常给力，尤其对品牌文化的传播至关重要。

// 8.3　案例三：恒大冰泉

1. 案例背景

2013 年 11 月 9 日，在与首尔 FC 的决战开始前，广州恒大的球员穿上了胸前印有"恒大冰泉"字样的球衣，如图 8-4 所示。此前，恒大拒绝了三星以每年 4 000 万元冠名球衣的合作要求。当晚，广州恒大如愿以偿捧得了亚冠奖杯，恒大冰泉则几乎一夜成名。

图 8-4　身穿印有"恒大冰泉"字样队服的广州恒大队员

恒大冰泉的横空出世与广州恒大在足球赛场上的表现紧密相连。2013年，广州恒大在亚冠赛场上的胜利震惊了亚洲足坛，恒大获得比赛的胜利便是对自身品牌的最大广告。正如一家媒体所说：在中央电视台打广告，1 秒大概花费 15 万元。恒大一场球赛有 25 家电视台现场直播、300 多家媒体报道，11 个运动员穿着印上了"恒大"字样的队服，一个半小时的直播时间，如果做广告要多少钱？

恒大的这一线上线下整合营销的策略为其获得了极大的曝光量和品牌价值，而当 11 月 9 日晚，恒大宣布推出恒大冰泉产品的时候，这一切优势和价值便附加在了恒大冰泉身上。

虽然恒大冰泉在电视、楼宇的广告仿佛让我们回到了 20 世纪 90 年代那个热衷粗暴广告的时代，但毫无疑问，越来越多的人因为广州恒大足球队而记住了恒大冰泉。

2．恒大冰泉的营销策略

（1）借势营销

恒大亚冠夺取冠军的新闻使整个中国沸腾。作为长期以来相对薄弱的体育项目，恒大夺冠无疑是国足史上一次"意外惊喜"，这也是继 1990 年辽宁队后中国球队再度称霸亚洲。这次夺冠让广州恒大家喻户晓。"恒大足球""恒大集团""许家印"等一时间成为关注度和搜索率极高的新闻热词。就在这举国瞩目的"惊喜"发生的第二天，恒大集团迅速趁热打铁，举行恒大冰泉上市发布会。

通过足球来打出恒大冰泉的知名度，对其扩大受众广度是很有帮助的，只要有足球的地方就会让人想到恒大和恒大冰泉。

（2）悬念营销

"我们公司将在本周日发布一则重大新闻。"据说，早在 11 月 8 日，恒大地产相关工作人员就向一些媒体记者发出了采访邀请，但是拒绝透露任何其他信息。在 11 月 9 日晚的亚冠决战之中，恒大悄然更换了队员们的亚冠比赛球衣，不仅所有球员的比赛服装胸前印上了"恒大冰泉"的广告，教练员、工作人员的服装也同样如此。

就在工作人员忙着将亚足联颁奖仪式的用具搬离绿茵场的时候，四个超大的矿泉水瓶被人扛进体育场绕场庆祝，而上面"恒大冰泉"的字样夺人眼球。与此同时，亚冠决赛当晚，无论是电视还是网络，只要与亚冠决赛有关的版面均会出现"恒大冰泉"的广告。

那个时候很多人知道恒大冰泉，但并不知道价格多少、哪里有卖的，悬念营销培养了消费者对恒大冰泉的饥渴性。

（3）爆破性营销

恒大冰泉能做到一出世就吸引全国人眼球的原因之一，就是它那令人惊叹的大手笔营销手段。

在这方面，恒大冰泉以全媒体、立体式、多方位的宣传攻势覆盖全国人口，形成爆炸式的传播效应，其采用 CCTV-1、CCTV-2、CCTV-3、CCTV-5、CCTV-新闻及全国 30 个城市 60 家电视台黄金时段的全天候多频次曝光，全国 248 家主流媒体的报道、宣传等。这一 360°全方位、无死角的营销，使恒大冰泉真正走到台前成为各界关注的焦点，恒大矿泉品牌得以深入民心并迅速打开市场。

3．新媒体互动营销

在此次营销中，恒大冰泉也恰当地利用了新媒体与消费者实时互动。在新浪微博上，每场重要的比赛，恒大冰泉官方微博都会进行同步文字直播，在重要比赛之前，恒大还会在微博上发布官方海报。

恒大的这一线上线下整合营销的策略为其获得了极大的曝光量和品牌价值，而当 11 月 9 日晚恒大推出恒大冰泉的时候，这一切优势和价值便附加在了恒大冰泉身上。

从恒大冰泉品牌的官方微博我们不难看出，在官微的运营上，恒大冰泉除了注重将自己与恒大足球紧密相连外，也将自己的水源地、发布会、代言人一一向大家介绍，将饮用水的健康知识向大家普及。在新年期间，恒大冰泉配合新浪微博进行了多轮"让红包飞"的抽奖活动，在微博上与消费者进行了良好的互动。

在微信营销上，恒大冰泉紧紧围绕"体育"和"互动"两个主题。微信营销较之微博营销更能完成良好的互动和营销。恒大冰泉在微信服务号上设立了三个主题互动，分别为"赢豪宅""送祝福""九宫格"。值得一提的是"九宫格"的互动游戏，这个游戏中出现了恒大足球队队员及其教练的卡通形象，惟妙惟肖，妙趣横生，获得了与消费者的良好互动效果。

总之，没有足够精彩的品牌故事，没有差异化的产品定位，没有精彩的广告创意，没有高档的包装材质和设计，没有新媒体各资源的配合，就很难支撑起其高端的产品形象。总结恒大冰泉上市过程，可以简单地将其概括为"富豪思维的新媒体营销战役"。

实战训练

假如你是恒大冰泉中国区的市场负责人，现在需策划一个以"世界杯"为主题的创意营销方案，可使用明星（据具体策划创意而定），并配合线下渠道和线上新媒体渠道进行传播，目的是提高恒大冰泉在世界杯受众人群中的知名度。结合明星想一个创意方案，并把方案制作成 PPT，在上课时向同学们分享你的方案。

// 8.4 案例四：支付宝

1. 案例背景

"国庆黄金周"往往是各大企业进行活动策划的最佳时机之一，大量企业通过新媒体平台发起活动，希望获得更好的品牌效果。不过，多数企业的新媒体营销活动以"转发抽奖""评论有奖""点赞有礼"等形式为主，导致网民对此类缺乏创新的活动逐渐失去兴趣。因此，"如何在传统的活动形式基础上进行创新"成为各家企业新媒体团队都在思考的问题。

2018 年国庆黄金周前期，支付宝在传统的抽奖活动基础上进行创新，发起了"祝你成为中国锦鲤"的微博活动，有超过 300 万人参加，赚足了网友的眼球。

支付宝的此次微博活动也被称为"锦鲤营销"。

2．案例执行

（1）围绕场景，设计奖品组合

在活动开始前，支付宝团队先围绕场景进行了奖品设计——由于支付宝的活动目的是"希望用户进入支付宝的支付场景，随后各家支付宝合作商都能分一杯羹"，因此其奖品提供商均为支付宝合作企业。

随后，支付宝进行了奖品整合，最终完成"由全球 200 多家支付宝合作单位提供，金额达到一个亿"的奖品大礼包（见图 8-5）。足够吸引眼球的礼包也为活动上线后的火爆埋下了伏笔。

图 8-5　支付宝部分奖品清单

（2）活动发布，多方联动引流

2018 年 9 月 29 日下午，该活动在支付宝官方微博正式发布，如图 8-6 所示。

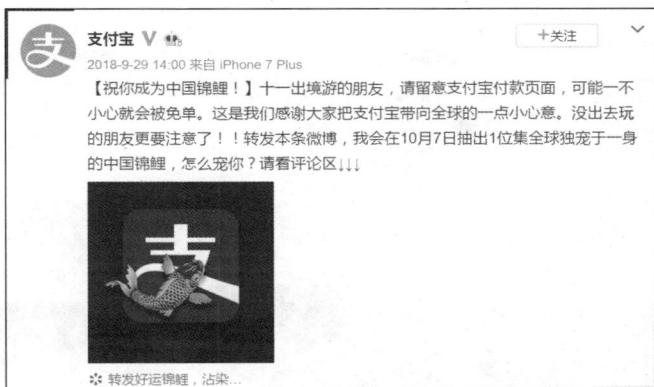

图 8-6　支付宝活动微博

　　为了进一步扩大活动效果，支付宝开始进行一系列联合推广。一方面，支付宝在其官方自媒体平台进行活动推广，并将流量引导至微博（见图 8-7）；另一方面，奖品提供商也共同发力，进行活动微博的留言与转发，如图 8-8 所示。

　　（3）颁奖造势，持续吸引眼球

　　常规的微博抽奖活动颁奖时，往往只是主办方在微博宣布中奖者并通知中奖者"私信小编，领取奖品"。为了使颁奖更具有仪式感与话题性，支付宝团队将奖品打印出来并做成红地毯，邀请中奖者去走红地毯，全程录制视频并设计采访，继续吸引网友的眼球，如图 8-9 所示。

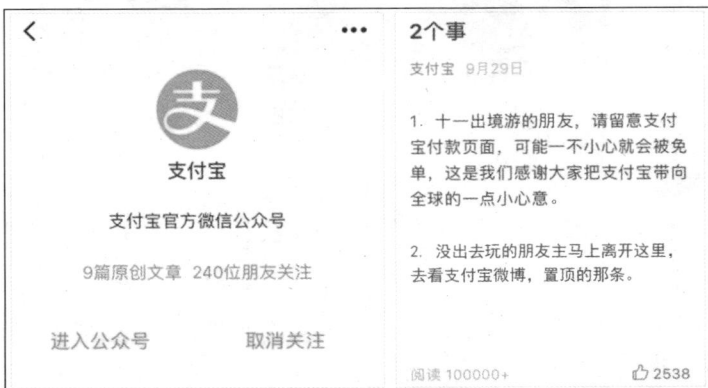

图 8-7　支付宝在微信的推广文章

图 8-8　支付宝活动的联合推广

图 8-9　支付宝活动的颁奖仪式

3. 营销启示

本次支付宝的活动，不到 6 小时微博转发量便突破 100 万；活动曝光量达 2.09 亿；支付宝官方微博涨粉 1000 万以上，算得上是一次经典的新媒体营销活动。这次"锦鲤"活动对新媒体营销人员而言有三个重要启发。

（1）活动选题紧扣热点。该活动的选题围绕当年最火的流行词汇"锦鲤"，简洁明了，易于理解。

（2）活动奖品足够吸引。在传统的抽奖活动同质化严重的情况下，支付宝从奖品层面进行微创新，策划出"集全球独宠于一身"的大奖，赚足了消费者眼球。

（3）异业合作共同引爆。该活动无论是从奖品设计还是线上推广，都充分发挥了合作的力量——"锦鲤"活动虽然由支付宝发起，但其成功离不开幕后超过 200 家合作企业的努力配合。

实战训练

　　假如你是某大型商场的新媒体负责人，如何借鉴上述支付宝"锦鲤"活动的经验，策划元旦期间商场的新媒体活动？

// 8.5　案例五：国家博物馆

1. 案例背景

5 月 18 日是国际博物馆日，由国际博物馆协会发起并创立。在这一天，世界各地博物馆会根据其特色举办不同形式的活动，展示博物馆特色。

2018 年国际博物馆日到来之际，中国国家博物馆、湖南省博物馆等七大博物馆在新媒体平台尝试创新，让博物馆所展览的文物以更年轻化、娱乐化的形象出现，以期获得更好的宣传效果。

2. 案例执行

（1）H5 发布

国际博物馆日前夕，一款名为"第一届文物戏精大会"的 H5 悄然上线。该 H5 以字幕"调高音量，好戏……这就开场"开始，随后博物馆值班人员出现，并在夜深人静时拿着手电筒在博物馆内巡视。颇具神秘感的 H5 开头，充分抓住了读者的注意力，如图 8-10 所示。

接着，H5 进入核心内容——各个博物馆的镇馆之宝在 H5 中变身为"戏精"，会说话、会唱歌、会跳舞，且所有对话均为当时较火的互联网流行语，如"是时候表演真正的技术了""当当当当当"等，如图8-11所示。

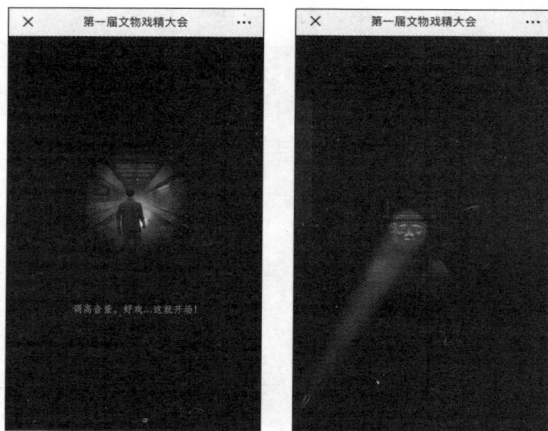

图 8-10　"第一届文物戏精大会"H5 开头

在结尾部分，该 H5 进行跨平台引流，以"打开抖音搜索话题"的形式
吸引读者在抖音持续关注后续活动，如图8-12所示。

图 8-11　"第一届文物戏精大会"核心内容　　　　图 8-12　"第一届文物戏精大会"
　　　　　　　　　　　　　　　　　　　　　　　　　　　　结尾部分

（2）社交媒体传播

该 H5 由于制作精良、内容反差、风格轻松，营销团队将其分享至微信
朋友圈后，受到了广泛的好评。随后，H5 通过微信群、朋友圈等进行病毒

式传播，带来"刷屏级"朋友圈效果，如图 8-13 所示。

（3）短视频互动

在社交媒体获得良好的传播效果后，营销团队继续在抖音短视频平台发力，邀请所有用户共同参与抖音话题"嗯~奇妙博物馆"，哼唱"嗯~"并配合打响指，介绍博物馆中的文化瑰宝，展示历朝历代的文物风采（见图 8-14），最终获得超过 7.6 亿次播放。

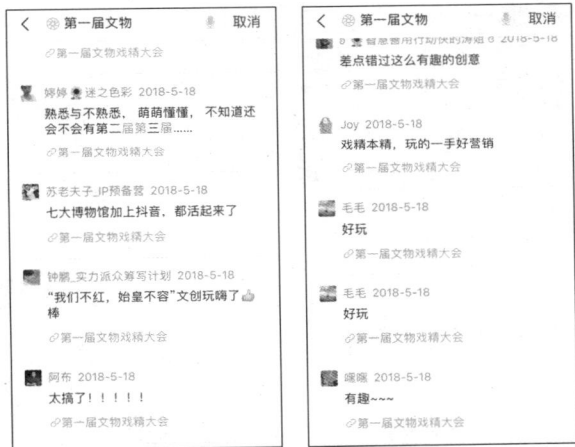

图 8-13 "第一届文物戏精大会" H5 传播效果

图 8-14 "第一届文物戏精大会"
H5 传播效果

3. 营销启示

这次博物馆联合营销活动获得了极高的曝光量及极佳的口碑，这也为新媒体营销人员带来至少三项启发。

第一，风格跨界。当前新媒体环境下，轻松、娱乐化的内容风格往往更得人心，因此本身业务较为传统的企业或机构可以尝试进行风格跨界，产生的风格反差越大，传播效果越好。

第二，联合营销。当单独的企业或机构影响力有限时，可以尝试进行联合营销，分别在自己的新媒体账号进行宣传，获得更好的曝光效果。

第三，制造参与。新媒体营销不能仅停留在内容展示层面，而是要进行互动设计，邀请用户参与内容创作。

此外，该活动在执行过程中还遇到一个"小插曲"——由于 H5 结束后，邀请用户分享并转发，该操作被微信公众平台判定为"存在诱导分享行为"，导致 H5 在一段时间内无法打开。不过，H5 团队快速调整并取消了转发功能，随后又可以顺畅打开。因此，在新媒体平台进行活动策划时，策划者需要严格按照平台规则进行设计，防止因违反平台规则而导致下线甚至被封号。

实战训练

假如你是某博物馆的抖音运营负责人，除了以上"哼唱'嗯~'并配合打响指，介绍博物馆中的文化瑰宝"的形式外，还能设计哪种互动玩法，吸引抖音用户共同参与？请设计一个互动方案，并与同学们分享。

本章小结

1. 不同行业转型借助新媒体的方法和路径并不相同，但运营者都应重视社交口碑传播效应。

2. 新媒体营销和传统行业业务整合起来，才能发挥更大的效果。

09 Chapter

新媒体岗位及能力需求

通过阅读本章内容，你将学到：

- 新媒体运营的主要工作
- 新媒体人才的能力提升点
- 个人品牌的价值及打造步骤

// 9.1 新媒体运营的主要工作

越来越多的企业开始招聘"新媒体运营专员"岗位，但在很多人的认识中，新媒体运营主要是给企业发微博，准备微信公众号文章，搞一些抽奖活动，然后转发扩散朋友圈、微信群。那么到底新媒体运营要做些什么呢？

现在正在做或者说想做新媒体运营的人很多，新媒体运营到底有没有前途？这个岗位到底要求大家从事哪些方面的工作？需要积累哪些方面的能力？

课堂讨论

打开你的微信，在微信界面顶部搜索框下面输入"新媒体运营专员"，选择"搜一搜 新媒体运营专员 朋友圈、公众号、文章等"（见图 9-1），就会搜到很多新媒体运营专员的招聘信息。

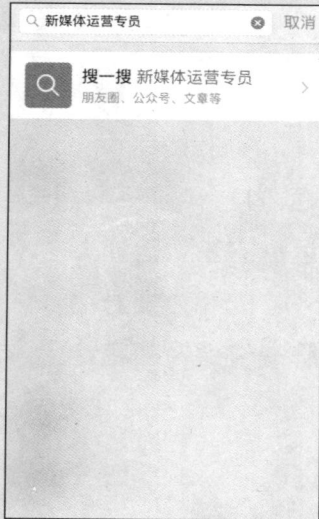

图 9-1 微信搜索"新媒体运营专员"

请打开这些信息，思考一下企业对新媒体运营专员共性的岗位要求是什么，希望从事该岗位的员工具备的能力是什么。

请看一份某企业招聘新媒体运营实习生的岗位职责说明。

课堂
讨论

新媒体运营实习生

新媒体运营实习生工作内容有哪些？

（1）微博和微信日常运营包括公司微博、微信公众号的内容运营、头条文章撰写、品牌推广文案撰写。

（2）贡献关于内容营销的创意和想法，不局限于微信公众平台。如果你的想法足够优秀，绝不用担心资源和队友不够。

希望新媒体运营实习生具有哪些能力？

（1）出色的中文文笔，喜欢写作，能在短时间内独立完成原创文章写作或编译工作（投简历时可以附上一篇自己满意的作品）。

（2）社交媒体深度用户，知乎、微信、微博、豆瓣等皆可，对热点敏感。

（3）最好有微信运营经验。

（4）专业不限，新闻广告类专业的优先考虑，有奥美等广告公司实习经验的优先考虑。

这段经历结束后，你的简历上可以写什么？

（1）你所有原创内容的数据都是你未来在这个行业的敲门砖，没有人会小看能创造"10w+"内容的人。

（2）你会在一次次与文章和数据的打交道过程中明白什么样的内容才足以打动人心，这将成为你在这个行业中的核心竞争力。

（3）关于新媒体营销的系统方法论，不限于公众号、新媒体的内容营销思维。

从这份新媒体招聘启事可以看到，新媒体运营绝不是简单地发微博和微信，设计抽奖活动来吸引用户，这只是新媒体运营工作内容组成的一部分。完整的新媒体运营涉及的内容是多方面的，其中有热点话题借势、大号资源合作、媒介事件曝光、内容数据分析……一个新媒体运营者，要懂很多关于产品、策划、宣传、公关、广告的知识。

一个合格的新媒体运营者，不只是发发微博、微信，还需要做到以下几点。

（1）理解产品

脱离产品的新媒体运营是没有意义的。脱离产品的新媒体运营一段时间内可能有转发或评论，但对内容传播或产品销售没有促进，最终将难以持续。

新媒体运营要先熟悉自家的产品，分析产品最吸引用户的点在哪里，再思考目标用户的行为模式特点，不同类型的用户在使用产品过程中会经历哪些场景、遇到哪些问题、产生哪些需求等，这样才能写出激发用户购买欲望或者传播欲望的新媒体文案。

（2）积累"网感"

为什么有的人总是能比你先发现网络热点话题、先使用上网络热点词汇、先发现网络热点潮流表情包？这就说明他的"网感"比你强。

"网感"其实是要求新媒体运营者具备能够快速抓住网络流行热点创造内容的能力。这种能力是基于长期对网络话题的数据分析、优质内容的信息搜集渠道等积累基础之上的。

无论是纯内容媒体，还是企业的新媒体，对网络趋势的把握都很关键，需要根据热点或新闻很快做出反应，而且还要做到和自己品牌的调性相匹配，这就需要新媒体运营者在了解产品和用户的基础上具备良好的"网感"。

（3）整合资源

新媒体运营不是简单地写几个好文案。一个好文案要能够扩散，关键是要找到网络上能扩散有关内容的关键资源。并不是什么文章都可以通过自己的平台成为爆款的。

这就要求新媒体运营者有超强的整合能力，不仅是整合网络上各种写文案的素材，更重要的是整合网络上各种能帮你传播的优质资源，建立互利互惠的长期合作关系。

（4）内容策划

微博上怎样才能吸粉？微信上用哪种方式能够引爆朋友圈？设计哪种

H5 页面能让更多人点击？加入哪些社群能找到目标用户？新媒体运营的形式一直在变，但有效策划新媒体上的好内容、好活动的基本框架却是稳定的。

如何找到吸引人的传播点？如何设计好的传播形式，找到放大内容的引爆点和传播资源？不管是哪种新媒体，新媒体运营者都需要理解内容策划的方法。新媒体运营架构图如图 9-2 所示。

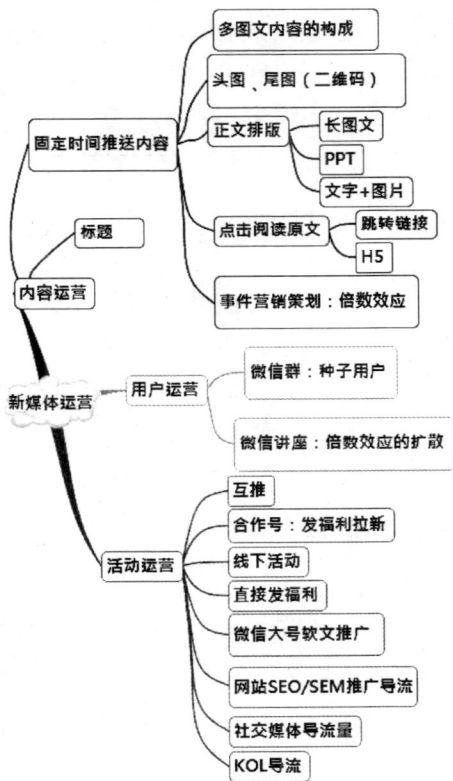

图 9-2　新媒体运营架构图

实战训练

　　某主流智能手机厂商正在招聘新媒体运营编辑，请你通过网络搜索为他们设计一个新媒体编辑的岗位招聘说明书。

// 9.2 新媒体人才的能力提升点

现阶段大量同质化内容和产品充斥互联网，用户开始有选择性地浏览与参与新媒体内容。企业若想提升新媒体平台的运营效果，必须从以往"只会发广告""只懂写文章"的粗放式新媒体运营转为更精细化的新媒体运营。

各大招聘网站的数据均表明，现阶段大量企业急需新媒体运营人才，尤其是对精细化新媒体运营人才的需求更是呈上升趋势。

从市场需求角度来看，新媒体运营者除了要掌握基础理论外，至少要在以下五个方面持续学习，并提升能力。

1. 内容策划能力

用户在接触企业产品之前，最先接触的是企业文章、海报、短视频等。因此，新媒体运营者需要持续提升内容撰写、测试、优化的能力。提升该项能力的途径如下。

（1）学习新媒体文案策划，掌握卖点挖掘、文案创作及内容传播的方法。

（2）学习软文营销策划，掌握软文设计、软文投放及效果评估的技巧。

（3）学习写作平台策划，掌握今日头条、百家号、大鱼号等平台的内容策划规律。

需要特别强调的是，现阶段各大新媒体平台一般都具有电商功能，用户在阅读内容时可以直接购买产品（见图 9-3）。因此，运营者除了需要提升内容策划能力外，还需要学习内容转化技巧，并提升企业内容电商的业绩水平。

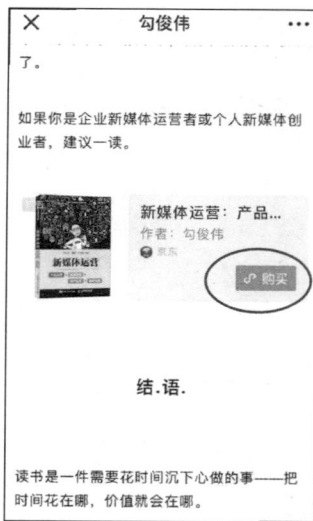

图 9-3 微信文章内的产品植入

2. 工具应用能力

新媒体运营者未必是专业的设计师或程序员，但必须知道如何快速找到最适合的新媒体工具、如何借助工具提升工作效率。例如，当新媒体运营者需要设计一张活动海报时，即使没有设计功底，也可以在"创客贴"网站在线编辑并生成一张海报，如图 9-4 所示。

图 9-4 "创客贴"设计平台

为了提升工具应用能力，新媒体运营者需要持续加深以下工具的熟练程度，包括图片处理工具、文字处理工具、表单处理工具、H5 制作工具及音视频处理工具等。

3．运营统筹能力

新媒体运营是一项系统化的工作，需要运营者做好策划、执行、反馈等一系列工作。刚进入新媒体行业的新人需要针对以下几个模块，学习与实践相应的营销与运营工作。

（1）学习微信营销与运营，掌握个人号形象设计、朋友圈营销、微信公众号运营等技巧。

（2）学习微博营销与运营，掌握微博发布、微博推广及矩阵打造等方法。

（3）学习社群营销与运营，掌握团队搭建、日常运营、社群激活等具体技巧。

（4）学习活动策划与运营，特别是直播活动的整体运营，充分利用直播提升企业销售业绩。

（5）学习产品策划与运营，如为企业策划专属小程序、与开发团队充分沟通并确保小程序顺利上线。

你认为在抖音平台进行短视频运营时需要统筹能力吗？为什么？

4. 数据分析能力

与传统的营销方式不同，新媒体营销往往很容易获得较为精确的数据，如页面访问量、文章转化率、用户浏览时长、网页跳出率等。新媒体运营者必须持续提升其数据分析能力，包括自媒体数据分析、活动数据分析、网站数据分析等。

5. 热点跟进能力

新媒体运营者需要提高对网络的敏感度，了解互联网文化并懂得一些传播的因素，在发生热点事件时可以及时地跟踪并且做出反应。

提升热点跟进能力，新媒体运营者需要及时了解互联网动态，关注热点事件的演化，分析其背后的传播规律。

（1）关注新媒体营销的最新案例，对近期最火热的案例进行分析并取长补短。

（2）时刻关注微博热搜榜，查看当前热门信息，如图9-5所示。

图9-5　微博热搜榜

（3）关注百度搜索风云榜，了解用户搜索与关注的热门内容，如图9-6所示。

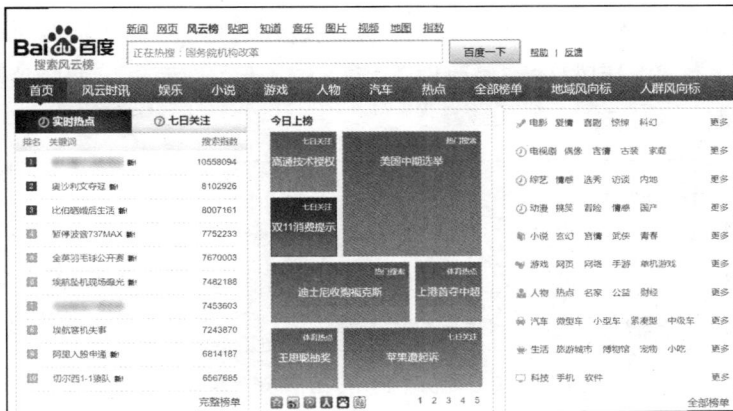

图 9-6 百度搜索风云榜

课堂
讨论

假如你是某服装公司的新媒体编辑，请查看微博热搜榜并尝试分析：可以结合近期哪条热搜进行产品推广文章的撰写？

// 9.3 打造个人品牌，用新媒体营销自己

个人品牌指的是个人拥有的外在形象和内在涵养所传递的独特、鲜明、确定、易被感知的信息集合体。传统的个人品牌打造方式包括书籍出版、电视采访、新闻报道等，对多数人而言难度极大。

不过，在"人人都是自媒体"的新媒体时代，打造个人品牌的难度大大降低，每个人都可以尝试注册新媒体平台账号并发表观点，尝试获取粉丝。

对新媒体营销从业者而言，打造个人品牌有以下三点好处。

第一，注册并运营自己的新媒体账号，需要新媒体营销从业者系统地完成形象策划、内容规划、文章撰写、活动执行等工作，充分实践所学习的运营知识，防止停留在理论层面。

第二，打造个人品牌需要新媒体营销从业者持续输出优质图文或音视频

内容，这类内容极有可能被企业 HR 或猎头发现，从而增加工作机会。

第三，优质的自媒体账号可以直接写入简历，为面试、薪资谈判等增加砝码，如图 9-7 所示。

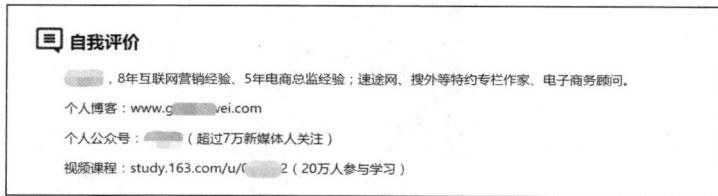

图 9-7　简历中的个人品牌账号展示

打造个人品牌，需要运营者做好以下四个步骤。

1. 策划细分定位

用户往往只对行业内前三名甚至第一名印象深刻，而在内容数据服务平台"新榜"搜索"新媒体"后显示，已经有超过 4800 个微信公众号与新媒体相关（见图 9-8）。

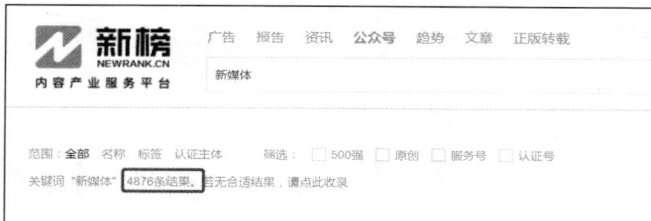

图 9-8　"新榜"搜索数据

因此在打造个人品牌时，运营者必须寻找更加细分聚焦、更具有差异化的定位。常见的细分化定位包括以下方面。

（1）根据位置细分，如打造"北京新媒体达人""山西朔州新媒体爱好者"等个人品牌。

（2）根据能力细分，如打造"擅长设计的新媒体人""懂策划的新媒体运营人"等个人品牌。

（3）根据行业细分，如打造"餐饮行业新媒体达人""旅游行业新媒体研究者"等个人品牌。

（4）根据兴趣细分，如打造"爱瑜伽的新媒体人""新媒体+美食达人"

等个人品牌。

2．制定运营规划

与打造企业新媒体品牌相似，个人品牌在开始前也需要做好全局规划，使后续运营有条不紊。

全局规划包括三部分——首先需要做好形象规划，设计出头像、简介、欢迎词及引导关注二维码等；其次需要进行内容选题规划，设计后续文章推送时间及选题；最后需要进行品牌推广规划，列出品牌推广的主要平台及账号。

3．输出品牌内容

用户对于品牌的认知是建立在长期交流的基础上的，而在新媒体平台上，运营者与用户的交流基础就是品牌内容——在阅读某个账号的多篇"行业干货""热点解读""案例剖析"等文章后，用户才开始逐渐认同账号所有者，此时个人品牌才算是初步建立。

因此在这一步，运营者需要按照第二步制定好的内容选题规划，稳定地输出个人品牌内容。

4．尝试运营升级

完成前三个步骤后，个人品牌起步工作才算完成。若想持续提升个人品牌知名度，运营者需要进行运营升级。

一方面，挖掘更多账号资源并尝试进行推广合作。例如，本书作者之一勾俊伟在进行个人品牌推广时，曾与网易云课堂合作并进行品牌曝光，如图 9-9 所示。

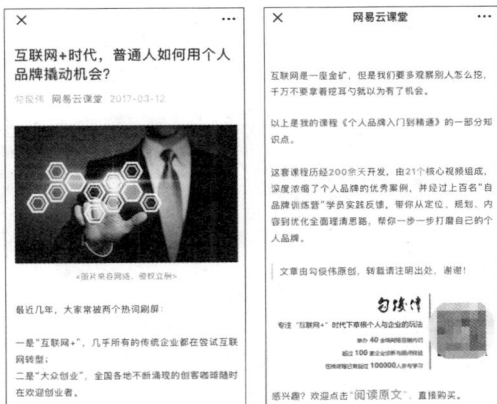

图 9-9　个人品牌合作推广

另一方面，寻找行业内的优秀个人品牌账号，研究其选题规划、推广方法、形象设计等要素并取为己用。

课堂讨论

你打算打造个人品牌吗？请在微信搜索，查看是否存在可以学习的优秀账号？

本章小结

1．现阶段大量企业急需新媒体运营人才，尤其是对精细化新媒体运营人才的需求更是呈上升趋势。

2．从市场需求角度来看，新媒体运营者除了要掌握基础理论外，至少要在内容策划、工具应用、运营统筹、数据分析、热点跟进五个方面持续学习并提升能力。

3．在"人人都是自媒体"的新媒体时代，打造个人品牌的难度大大降低，每个人都可以尝试注册新媒体平台账号并发表观点，尝试获取粉丝。